Armin König

Strategisches Management im demografischen Wandel

Armin König, Jahnstr. 9, 66557 Illingen
Edition Kerpen, Illingen
ISBN 978-3-948105-02-0
Herstellung BOD Norderstedt

Armin König

Strategisches Management im demografischen Wandel

Wie Kommunen die Herausforderungen bewältigen

Für Luca

Inhalt

Es brodelt – nichts bleibt, wie es war

Anstelle eines konventionellen Vorworts

Dass es Menschen in Verwaltungen und Räten, in Management und Parteien gibt, die einfach so tun, als sei alles beim Alten, obwohl alles, wirklich alles neu und in Bewegung und nichts mehr gewiss und schon gar nicht mehr sicher ist!

„It's The End Of The World We Knew And I Feel Fine", hat R.E.M. gesungen, und Claus Leggewie und Harald Welzer schreiben ein Buch unter dem Titel „Das Ende der Welt, wie wir sie kannten", und ein Papst ist zurückgetreten und hat damit Revolution gespielt und ein neuer Papst verkündet noch eine Revolution, nämlich die Revolution der armen Kirche, setzt aber seine Worte nur teilweise in Taten um und versagt bei fundamentalen ethischen Fragen. US-Präsident Donald Trump zerstört, was er an Multilateralismus und Krisenmanagement zerstören kann, setzt auf eine brutale „America first"-Doktrin und kündigt fundamentale internationale Verträge wie das Pariser Klimaabkommen.

Und in Deutschland ist auch nicht alles zum Besten bestellt: Wir haben zeitweise die Bundespräsidenten wie die Bundesligatrainer gewechselt, der Boulevardjournalismus hält sich für eine Macht, die staatsstreichartig Abschüsse und Personalbesetzungen orchestrieren kann und kerben jeden Rücktritt in ihre Sturmgeschütze der Demokratur ein. Seit der so genannten Flüchtlingskrise steht Bundeskanzlerin Angela Merkel unter Dauerbeschuss. Rechtsausleger und Versager werden hofiert, Tea-Party-Ableger wie die so genannte WerteUnion mit allen Mitteln hochgeschrieben.

Die SPD ist marginalisiert, ihr Absturz unter wechselnden Vorsitzenden geradezu dramatisch. Sie erreicht ihre Wähler nicht mehr.

Derweil ist eine rechtsextremistisch gesteuerte Partei in Bundestag und die Länderparlamente eingezogen, um dort brutal und rüpelhaft die Grenzen des Systems auszutesten. Die AfD ist tatsächlich zu einer großen Gefahr für die Demokratie geworden. Die Deutsche Bank ist nur noch ein Schatten ihrer selbst, VW und Audi und weitere Konsorten der Autoindustrie haben im Dieselskandal gelogen und betrogen. Der Dax steigt und steigt trotz Finanz- und Wirtschaftskrisen, die Energiewende stockt, die Atommanager hoffen auf Wiederbelebungsmaßnahmen über den Brüsseler Umweg, die Briten verabschieden sich nach langem Brexit-Palaver aus der Europäischen Gemeinschaft. Nichts gilt mehr, was einst unumstößlich war.

Kommunen nagen am Hungertuch, stehen kurz vor dem Exitus, traditionsreiche Konzerne schließen, Billigheimern gehen die Milliarden aus und machen Platz für neue Hasardeure, Dax-Vorstände, Fußballmimosen in kurzen Hosen und ewig im Kreis fahrende PS-Protze kassieren noch immer Millioneneinkommen, die sie nie verdient haben.

So ungerecht ist die Welt. Und von Tag zu Tag wird sie unübersichtlicher. Es brodelt gewaltig, und die einzige Strategie dagegen ist für viele Politiker, den Dingen ihren Lauf zu lassen. Also ob je ein Spitzensporttrainer den Dingen seinen Lauf gelassen hätte. Pep Guardiola, Jürgen Klopp und all die Trainerlegenden im Handball, Eishockey, Hockey, Volley- oder Basketball kämen nie auf die Idee, ihre Teams ohne Strategie aufs Spielfeld zu schicken. Ohne systematische, strategische Trainingspläne keine Goldmedaillen und keine Champions-League-Siege. Und auch das ist Teil der Wahrheit: Ohne Strategie wäre kein Armstrong, kein

Ulrich und kein anderer Doper je erfolgreich gewesen, das gehört leider ebenfalls zum Geschäft.

Die Politik – bei Direktwahlen von Bürgermeistern durchaus bereit, strategisch zu denken und zu handeln –, verharrt in alten Mustern. Je größer die Probleme und Herausforderungen werden, desto größer die Neigung, auf Zuruf flexibel hektisch zu reagieren und kurzfristig immer die dringendsten und drängendsten Themen anzugehen – oder die, die am lautesten von den Medien propagiert werden.

Da jede Woche eine neue Sau durchs Dorf getrieben wird, sind es ziemlich viele Themen. Nur mit dem Kurs und der Systematik hapert es.

Hat je ein Kreuzfahrtschiff ohne ordentliche Kursbestimmung seine Route gefunden? Wo dies unterblieb – wie bei der Costa Concordia – waren die Folgen dramatisch und verheerend.

Im 24. Jahr bin ich nun Bürgermeister, und noch immer wundere ich mich, warum das, was ich als Sportstudent und Trainer wie selbstverständlich praktiziert habe: Trainingspläne aufzustellen und anzupassen und Wettkampfstrategien auszuarbeiten und wieder abzuändern, in der Verwaltung so exotisch scheint.

Noch immer finden es Politiker und Beamte witzig, wenn sie behaupten, Planung sei „die Ersetzung des Zufalls durch den Irrtum". Was für ein Unsinn!

Andererseits wächst der Leidensdruck, so dass ich hoffe, dass strategisches Handeln auch auf kommunalpolitischer Ebene neue Freunde findet. Noch habe ich die Hoffnung nicht aufgegeben.

Die Herausforderungen sind gigantisch. Ich will einige von ihnen an dieser Stelle noch einmal kursorisch auflisten:

Nie hatten deutsche Kommunen so hohe Liquiditätskredite wie in diesen Tagen. Rund 50 Milliarden Euro an Kassenkrediten haben die Städte und Gemeinden 2016 in Deutschland angehäuft (Bertelsmann Finanzreport 2019).

Ob die kommunalen Milliardenkredite je zurückgezahlt werden, steht in den Sternen. Dramatisch ist die Lage im Saarland, kaum besser in Nordrhein-Westfalen und Rheinland-Pfalz, wo sich Kommunen ebenfalls gigantisch (und meist ohne eigenes Verschulden) verschuldet haben. Und auch Hessen zieht nach. Auch dort finanzieren Kommunen immer mehr laufende Ausgaben durch Liquiditäts- oder Kassenkredite. Das sind die Dispo-Kredite der Städte und Gemeinden.

Schuldzuweisungen von Bundes- und Landespolitikern sind scheinheilig: Bund und Länder haben den Kommunen Lasten aufgebürdet, unter denen diese schier erdrückt werden. Echte Konnexität gibt es kaum. Weitere Wohltaten des Bundes müssen auch 2020 von den Kommunen endfinanziert werden. Es führt deshalb kein Weg an einer Rückführung dieser Schulden durch Bund und Länder vorbei. Die Folge der kommunalen Haushaltnotlagen sind Haushaltssicherungskonzepte, massive Einschnitte in kommunale Leistungen und eine Existenzgefährdung der kommunalen Selbstverwaltung.

„Kassenkredite gelten als Kern der kommunalen Finanzkrise, weil sie ausschließlich der Liquiditätssicherung dienen. Sie wurden zum Symbol der zunehmenden Handlungsunfähigkeit der Städte und Gemeinden, da mit steigenden Kassenkrediten auch der Raum für Investitionskredite und damit Bau und Instandhaltung von Straßen, Schulgebäuden und sonstiger städtischer Infrastruktur enger wird." Das schrieb die Bertelsmann Stiftung 2013. Geändert hat sich lange nichts – bis das Saarland 2019 den Saarlandpakt zur Teilentschuldung seiner Städte und Gemeinden auflegte. Jetzt ist endlich auch der Bund gefordert. Das Problem ist sonst nicht zu lösen.

Damit nicht genug: Überlagert werden die Finanzprobleme vom demografischen Wandel, der regional sehr unterschiedlich verläuft. Schrumpfung, Alterung, Leerstände sind vor allem in Ostdeutschland Alltag, doch inzwischen hat es auch die Hälfte der westlichen Bundesländer erwischt. Während die Negativ-Effekte des demografischen Wandels im auch finanziell schwer gebeutelten Saarland flächendeckend auftreten, sind es in Rheinland-Pfalz, Hessen, Baden-Württemberg, Bayern, Nordrhein-Westfalen, Niedersachsen und Schleswig-Holstein vor allem die dünner besiedelten ländlichen Gebiete. Auch Städte in den alten Montan- und Industrieregionen schwächeln oder zeigen unverkennbar Symptome eines beschleunigten Niedergangs. Die Ergebnisse des Zensus haben viele Stadt-Verantwortliche schockiert: Ihnen sind tausende Einwohner über Nacht abhanden gekommen. Auch die, die bisher den Kopf in den Sand gesteckt haben, sind nun in der Wirklichkeit angekommen: Weniger Einwohner heißt weniger Kaufkraft, schwächere Infrastrukturauslastung, Leerstände, steigende Entsorgungsgebühren, höhere Kosten, niedrigere

Schlüsselzuweisungen und oft auch höhere Verschuldung.

All die „Urbaniker", die erwartet haben, dass es die Einwohner nun in die Städte zieht, werden enttäuscht. Der große Sog ist ausgeblieben. Oft kommen die sozial Schwachen, die Migranten, die Hartz-IV-Empfänger. Das erhöht die Sozialkosten, die dann von den Umland-Gemeinden über die Kreisumlage finanziert werden müssen und dann auch einst gesunde Kommunen in den Ruin treiben. Die Berechnungsgrundlagen der Umlagesysteme sind aus den Fugen geraten und müssten revidiert werden.

Derweil bleibt der schrumpfende Mittelstand notgedrungen im Eigenheim im suburbanen oder ländlichen Raum. Denn weil dort die Eigentumswerte durch die vielen Leerstände sinken – eine typische Angebots-Nachfrage-Relations-Reaktion –, und in den Städten die Mieten und die Kosten für Eigentumswohnungen explosionsartig steigen, ist der prophezeite Umzugsboom vom Land in die Stadt ausgeblieben. Theorie und Praxis klaffen auseinander, Planungen sind nur begrenzt belastbar.

Gleichzeitig stellen die Bürgerinnen und Bürger immer höhere Ansprüche.

Anke Oxenfarth formulierte es 2011 so:

„Kein Zweifel, es brodelt geräuschvoll. Nicht nur in den USA, Spanien und Israel, auch hierzulande erhebt sich Volkes Stimme lauter und öfter als in den Jahren zuvor." (Oxenfarth 2011: 1)

Vorbei die Zeit, als man sich auf alte Rezepte verlassen konnte, auf die Profis in Politik und Institutionen, auf Experten und Investoren. Vorbei die Zeit, als Wachstum garantiert war. Vorbei die Zeit, als es immer nur aufwärts ging. Die Ressourcen sind endlich, der demografische Wandel führt gerade bei uns zu Schrumpfung und Alterung, zu Krisen und Problemen. Kein Wunder, dass sich die Bürgerinnen und Bürger empören.

Autoren wie der kürzlich gestorbene Philosoph Stéphane Hessel haben dieses „Empört euch!" ja auch weltweit gepredigt. Und die Bürger in der Twitter- und Netzwerkgesellschaft haben dieses „Empört euch!" gierig aufgesogen.

„Wirklich verwunderlich ist der Unmut der Bürger(innen) nicht, kracht es doch seit geraumer Zeit ordentlich im gesellschaftlichen Gebälk." Anke Oxenfarth fügt treffend hinzu:

„Die Protestierenden sind es leid, dass die Politik mehr Rücksicht auf Lobbyinteressen nimmt als auf die legitimen Bedürfnisse des Volkes. Angesichts der sich verschärfenden ökonomischen, sozialen und ökologischen Krisen und der damit einhergehenden Ungerechtigkeiten scheint eine Toleranzgrenze erreicht zu sein. Viele Menschen in den alten Demokratien möchten mehr tun, als nur alle paar Jahre bei Wahlen ihre Kreuzchen zu machen. Insbesondere bei weitreichenden Planungen und Entscheidungen vor ihrer Haustür wollen sie stärker mitreden und mitgestalten."

Das ist auch sinnvoll und notwendig. Um es mit Claus Leggewie und Harald Welzer zu formulieren:

„Eine Gesellschaft, die die Krise verstehen und meistern will, kann sich nicht mehr auf Ingenieurskunst, Unternehmergeist und Berufspolitik verlassen (die alle gebraucht werden), sie muss - das ist die zentrale These [...] - selbst eine politische werden. Eine Bürgergesellschaft im empathischen Sinn, deren Mitglieder sich als verantwortliche Teile eines Gemeinwesens verstehen, das ohne ihren aktiven Beitrag nicht überleben kann. Auch wenn diese Zumutung so gar nicht in die Zeit hineinzupassen scheint: Die Metakrise, mit der wir zu kämpfen haben, fordert mehr, nicht weniger Demokratie, individuelle Verantwortungsbereitschaft und kollektives Engagement".

Oder mit den Worten von Friedrich Dürrenmatt: „Was alle angeht, können nur alle lösen“.

Die Zukunft gehört denen, die mit neuen Ideen strategisch Zukunft gestalten: den Selbstdenkern, den Freigeistern, den Leadern, den Netzwerkern, den Kreativen, den hoch Motivierten, den Strategen, die Komplexität managen können. Sie müssen kommunizieren, agieren, intervenieren, kalkulieren, integrieren, konzipieren. Und dabei müssen sie Politik und Verwaltung neu erfinden. Nicht mehr und nicht weniger ist gefragt in Zeiten des Risikos, der Unübersichtlichkeit und der Mehrdeutigkeit.

Natürlich müssen auch die Bürgerinnen und Bürger eingebunden werden. Sie dürfen sich ihrerseits der Mitverantwortung nicht entziehen. Starke Demokratie erfordert Bürger-Engagement und Bürger-Power. Im 21. Jahrhundert genügt es nicht mehr, von der bequemen Couch aus zuzuschauen, was die Profis (sich) leisten. Es ist nicht nur legitim, sondern auch notwendig, sich einzumischen und einzubringen, denn dies ist das Gemeinwesen aller Einwohnerinnen und Einwohner. Sie sind Gemeinde, sie sind Stadt. Ohne sie findet Stadt nicht statt. Einwohner haben Interessen, Ideen, Erfahrungen, Kreativität, die sie kommunizieren und einbringen können. Ihr Kapital ist „Sozialkapital". Das ist eine große und mächtige Ressource. (König 2019)

Zunächst muss der Kurs bestimmt, das Ziel festgelegt werden. „Ein Schiff, das im Hafen liegt, ist sicher, aber dafür sind Schiffe nicht gebaut", schreibt John A. Shedd in „Salt From My Attic".

Und Antoine de Saint-Exupéry sekundiert: „ „Wenn Du ein Schiff bauen willst, fange nicht an, Holz zusammenzutragen, Bretter zu sägen und Arbeit zu verteilen, sondern wecke in der Seele der Menschen die Sehnsucht nach dem großen, weiten Meer."

Bei Beamten und traditionellen Verwaltern wird dies schwierig. nicht wenigen klassischen Verwaltern gefällt die Vorstellung, dass Schiffe bewegungslos im Hafen liegen und fest vertaut ankern.

Deshalb ist es an der Zeit, die fest verankerten Beamten loszueisen und sie aufs weite Meer hinaus zu schicken – mit Kurs und Karte, Sextant und Echolot. Und einer Strategie, die sie selbst verändern und anpassen können, wenn die Winde und die Wellen dies erfordern. Ohne Kurs läuft kein Schiff aus, ohne Flugroute startet kein Jumbo und kein Airbus.

Deshalb sind Kursbestimmungen und Strategien

auch im Lokalen unverzichtbar. Dafür möchte ich sensibilisieren.

Ich bin kein Wundermann, der alles weiß und alles kann. Aber meinen Instrumentenkoffer möchte ich schon öffnen, um Gelegenheit zu geben, sich darin zu bedienen.

Armin König, November 2019

Grundzüge des strategischen Managements

1 Zur Notwendigkeit strategischer Entwicklung in Zeiten des Wandels

Menschen suchen Stabilität und Sicherheit, meist scheuen sie Risiken. Entwicklungspsychologisch und anthropologisch haben Sicherheitsbedürfnisse (z.B. Sicherung der Nahrung, des Weibchens und der Nachkommen und die Verteidigung des Reviers) einen existentiellen Stellenwert, weil sie dem Überleben dienen. Entsprechende Muster gehören zur kulturhistorischen Blaupause menschlicher Gesellschaften. Auf der Maslow'schen Bedürfnishierarchie[1] bilden die „safety needs" die zweite Stufe nach den rein physiologischen Bedürfnissen (Hunger, Durst, Schlafen, Sexualität). Maslow sieht deshalb die Angst vor Verlust(en) und die Angst vor Neuem als wichtige menschliche Motive, die auch in Gesellschaft wirksam sind.

Vom Evangelisten Matthäus (Matth. 17,4: „Petrus aber fing an und sprach: Herr, hier ist gut sein!") über Goethes Faust („Zum Augenblicke dürft' ich sagen: „Verweile doch, du bist so schön") bis zum politischen

---

1 Vgl. Maslow (1943): A Theory of Human Motivation; Maslow / Kruntorad (2005): Motivation und Persönlichkeit; Hoffmann/Akbar (2019): Konsumentenverhalten.

Schlachtruf „Keine Experimente!“ (Adenauer-Wahlslogan 1957) reicht die Spanne der Bekenntnisse, alles zu lassen, wie es ist. Wer diese anthropologischen und psychologischen Grundlagen kennt, versteht, warum Gruppen, Organisationen oder Institutionen in der Regel Veränderungen scheuen, sofern nicht die Verhältnisse sie zwingen, Neues zu wagen und Gewohntes aufzugeben. Denn Veränderungen bringen „erheblichen Stress für die beteiligten Personen“[2].

Auch im demographischen Wandel herrscht die Tendenz vor, den Status Quo zu halten und größere Veränderungen zu vermeiden.[3] Und wenn die lokalpolitischen Akteure die Risiken und die bereits eingetretenen Veränderungen tatsächlich zur Kenntnis nimmt, versuchen sie in der Regel mit Macht, den Trend zu drehen, etwa mit lokalem Kindergeld oder ähnlichen kurzfristigen Anreizen[4].

Das aber ist fast immer aussichtslos, weil es sich um langfristige Entwicklungen handelt, die von Prägungen, Einstellungen und überregionalen Rahmenbedingungen abhängen.

2 Chalupsky (2000: 49); vgl. auch Kunz (2012: 112); Stranks (2013).
3 Vgl. Stopper (2008); Kutzner (2009: 17;) König (2011: 201; König 2018). Für den betrieblichen Sektor beispielhaft: Langhoff (2009: 75). Im Kulturbereich: Roth / Richter (2006: 15).
4 Sehr kritisch: König (2011:107).

Fatal ist, dass Medien und Stiftungen in der Vergangenheit im Sinne einer Wettbewerbsstrategie die Anreiz-Stifter gelobt haben, obwohl dafür keinerlei Veranlassung bestand, da es sich meist um wirkungslose Ressourcenverschwendung handelte, die lediglich kurzfristige Mitnahmeeffekte auslöste.

Irgendwann stellen die Verantwortlichen fest, dass diese Art der Strategie langfristig wirkungslos bleibt.

„Versucht Politik dann tatsächlich, demographische Entwicklungen antizipierende Steuerungsimpulse zu setzen, noch ehe negative Folgen des Wandels erkennbar zum Tragen kommen, ist mit heftigem Widerstand zu rechnen".[5]

Doch die Geschichte hat immer wieder gezeigt, dass nichts bleiben kann, wie es ist, weil „alles fließt"[6]. Das kann in einer Zeit, die die Beschleunigung als Prinzip kultiviert hat und in der sich die (Um-)Weltverhältnisse derzeit z.T. fundamental ändern, nicht anders sein.[7]

„Es ist deshalb eine falsche Strategie, Risiken vermeiden zu wollen. Wir müssen sie stattdessen aktiv managen."[8]

---

5 Stopper (2008: 220).

6 Heraklit: Panta Rhei.

7 Vgl. Paul Virilio, der als „Denker der Geschwindigkeit" eine Philosophie der Beschleunigung entwickelt hat.

8 Bolz / Bosshart (1995: 58); vgl. BBSR (2010); König (2010).

Risiken sind unvermeidbar.[9] Dabei gibt es Risiken, die plötzlich akut werden (Tschernobyl, 11. September 2001) und Ereignisse, die angesichts einer „langsame[n] Anhäufung kleiner Veränderungen in der gleichen Richtung"[10] absehbar waren, aber nicht ernst genommen wurden. Radermacher & Beyers[11] beschreiben eine Vielzahl komplexer Probleme von der Demographie (weltweites Bevölkerungswachstum bei gleichzeitiger Schrumpfungstendenz in den Industriestaaten) über Ressourcenverknappung, Technikfolgen, „immer schneller auf den Markt drängenden Innovationen"[12] bis hin zu sozialen und administrativen Stressoren[13] bei gleichzeitiger Internationalisierung der Ökonomie. Ihr Fazit:

„Der Planet steht unter Stress, denn seine ökologischen Systeme sind bereits aus dem Gleichgewicht. Und immer mehr Menschen sind in ihrem Alltag überfordert. Die Dynamik, die gegenwärtig im Superorganismus Menschheit herrscht, ist schwer erträglich und nur noch begrenzt zu steuern".[14]

Weil Radermacher & Beyers aber an eine „Welt mit

9 Taleb (2008): Der Schwarze Schwan: Die Macht höchst unwahrscheinlicher Ereignisse. Cornetz (2010). Weichselgartner (2013).
10 Taleb (2008: 66).
11 Vgl. Radermacher / Beyers (2008).
12 Radermacher / Beyers (2008: 13).
13 Vgl. auch Korte 2012.
14 Radermacher / Beyers (2008: 13).

Zukunft"[15] und ein „Überleben im 21. Jahrhundert"[16] glauben, setzen sie auf evolutionäre und emergente Planung, Entwicklung und Strategie. So wollen sie mit einem globalen Marshall-Plan „[s]elbstgesteuerte Entwicklung ermöglichen"[17]. Zur Ist-Aufnahme aus ökonomischer Sicht gehört der Befund, dass die ökonomischen Risiken im „Weltinnenraum des Kapitals"[18] massiv zugenommen haben.

So beschreiben Kotler & Caslione nach der Krise des Weltfinanzsystems die Lage als chaotisch und turbulent.[19] Die Zeit der Stabilität sei vorbei, die Welt sei in eine neue wirtschaftliche Phase eingetreten: „From Normality to Turbulence"[20]. Das stelle die Entscheider vor völlig neue Herausforderungen:

„An event oder change in the circumstances of one country – whether a bank failure, a stock market or real estate crash, a political assassination, or a currency default – can spread to many other countries and create massive turbulence, spinning the whole system toward completely unforeseen outcomes."[21]

15 Radermacher / Beyers (2008).
16 Radermacher / Beyers (2008).
17 Radermacher / Beyers (2008: 187; 166).
18 Vgl. Sloterdijk (2005).
19 Vgl. Kotler/ Caslione (2009) : Chaotics. The Business of Managing and Marketing in the Age oft Turbulence. Siehe auch: Bergmann / Meurer (2006).
20 Vgl. Kotler/ Caslione (2009: 5).
21 Vgl. Kotler/ Caslione (2009: 5-6).

Henzler sprach schon vor der Weltfinanzkrise von „teils dramatischen Veränderungen der Märkte, der Verhaltensweisen ihrer handelnden Personen sowie des politischen Umfelds“[22]. Für Börsig ist die globale Vernetzung von Wirtschaft und Politik „Treiber eines epochalen Strukturwandels, der die internationale Arbeitsteilung in neue Dimensionen führt und weltweit für zunehmende Wettbewerbsintensität sorgt“[23].

Die beschleunigte Globalisierung[24] in Verbindung mit der Strategie internationaler Konzerne, Arbeitskosten durch Offshoring-Aktivitäten in Billigländer zu verlagern[25] führt zum Verlust von Arbeitsplätzen und Betrieben an traditionellen Standorten in Deutschland. Auch erfolgreiche Konzernstandorte bleiben davon nicht verschont. Es trifft aber auch Zulieferer aus Regionen am Rande des Verdichtungsraums. Im Just-in-Time-Produktionssystem etwa der Automobilwirtschaft fallen bei der Verlagerung von Werken auch die Zuliefer-Kapazitäten weg. Das wiederum führt zu Arbeitsplatzverlusten und Gewerbesteuer-

22 Henzler (2005: V).
23 Börsig (2008: 618).
24 Simon (2013: 297).
25 Börsig (2008: 626); Schwarting (2005: 6); Pajak (2006).

ausfällen[26] in Kommunen, damit sinken auch die regionale Wertschöpfung[27], die lokale Kaufkraft und der Wohlstand am Ort.

Das Beispiel der Automobilindustrie macht die Verflechtungen und Abhängigkeiten in einem komplexen Mehrebenen-System[28] deutlich, die auf die regionale und lokale politische Ebene durchschlagen und neue Formen des Steuerns und Regierens erfordern.

Mittlerweile sind auch der Dienstleistungssektor sowie Wissens- und Wissenschaftstätigkeiten betroffen, die wegen ihrer Komplexität und Spezifität lange als nicht handelbar galten[29], bei denen Deutschland als Vorreiter galt oder die dem Grunde nach „als typisch öffentliche, oft kommunale Aufgabe angesehen"[30] wurden. Dem steht jedoch in der politischen Realität „eine erstaunliche Resistenz nationaler und regionaler Institutionen und Politikmuster"[31] entgegen. Haus

26 Vgl. Schwarting (2005: 9) mit Verweis auf die komplexe Gesamtproblematik.
27 Regionale Wertschöpfung ist ein Wohlstandsindikator; vgl. Heidenreich (2006: 50-51); Doepfert (2014).
28 Vgl. Benz (2004: 125-46); Lütz (2004: 147-172). Vgl. dazu auch den Begriff „komplexe Interdependenz (Keohane / Nye 1977; Messner 2005: 31;32).
29 Pajak (2006: 1).
30 Vgl. Schwarting (2005: 2).
31 Grasnick (2007: 213).

sieht lokale Institutionen in Deutschland in einem Spannungsfeld „[z]wischen Innovation und Beharrung" sowie „zwischen strategischen Entscheidungen und kulturellen Deutungsprozessen."[32]

Neu ist, dass es nicht mehr nur die „alten" Krisenregionen trifft, die schon unter dem postfordistischen Strukturwandel gelitten haben. Jetzt sind auch gut situierte Kommunen und Kreise in den so genannten „Speckgürteln" der Industrie-Cluster betroffen. Die Folgen der Globalisierung erscheinen im Wortsinn unbegrenzt. „Globalisierung wird heute in dem Sinne als allumfassend verstanden, dass sie nicht nur jeden Winkel der Erde, sondern auch nahezu jeden Lebensbereich betrifft".[33]

Das verunsichert Bevölkerung, Medien und politische Entscheider. „Derzeit dominiert daher in der öffentlichen Meinung der Eindruck, Prozesse nicht mehr gestalten zu können, sondern von ihnen getrieben zu sein."[34] So wächst das Protestpotenzial in der Gesellschaft, während gleichzeitig die Bereitschaft zurückzugehen scheint, aktiv an passenden Anpas-

32 Haus (2005b).
33 Schwarting (2005: 2); Truger (2018: 451) sieht lokale Folgen Globalisierung in den Kommunalfinanzen.
34 Schwarting (2005: 1-2).

sungsstrategien zu arbeiten. Die Komplexität und Unübersichtlichkeit der Globalisierungsfolgen kann auch als Vorwand dienen, alles zu lassen, wie es ist und nur ad hoc auf Einzelprobleme zu reagieren.

Krisen passiv über sich ergehen zu lassen, ist aber keine Lösung, weil das Risiko hoch ist, dabei unter die Räder zu kommen. Deshalb bleibt nur die Variante, die in der Vergangenheit immer wieder Fortschritte ermöglicht hat: Evolutionäre strategische Anpassung an die neuen Anforderungen der (Um-)Welt[35], Risiken aktiv managen[36] und versuchen, die Entwicklung durch Anpassung und gezielte Erneuerungen in neue Bahnen zu lenken.

Schwarting bringt es auf die Formel: „Nicht Resignation ist die Antwort auf die Globalisierung, sondern Aufbruch zu einer neu verstandenen Kommunalpolitik".[37] Das ist allerdings ein mutiger Ansatz. Er ist auch notwendig. Wer sich verweigert, bleibt auf der Strecke.

Die rasanten, dramatischen Veränderungen Wirtschaft, Verwaltung und Politik zwingen dazu, bisherige Entwicklungspfade[38] zu verlassen. Es geht darum,

35 Vgl. Buhmann (2006: 214).
36 Vgl. Budäus / Hilgers (2009).
37 Schwarting (2005: 14).
38 „Als Entwicklungspfad lassen sich (...) politische und soziale Muster

Gewohnheiten in Frage zu stellen, das eigene Verhalten zu verändern, bewährte Produkte zu modifizieren, künftige Entwicklungslinien systematisch neu zu planen[39] und Transformationsprozesse zu gestalten[40]. „Institutioneller Wandel durch Lernprozesse"[41] wird dabei angestrebt. Dieser Wandel wird ein fundamentaler sein.[42]

In den USA hat der Bericht „Global Trends 2025: A Transformed World"des National Intelligence Council (NIC) mögliche Entwicklungstrends beschrieben und dazu angeregt, „to stimulate strategic thinking about the future by identifiying key trends, the factors that drive them, where they seem to be headed, and how they might interact"[43]. Der Bericht geht von Unsicherheiten, Brüchen und Transformationen aus, sieht aber auch die Möglichkeiten, die zukünftige Entwicklung positiv zu beeinflussen und neben Herausforderungen auch Chancen für künftige Entscheider herauszuarbeiten. Mehr ist ohnehin kaum möglich,

---

kennzeichnen, die in einer bestimmten Gesellschaft über einen längeren historischen Zeitraum erkennbar sind (...)" ***(Baethge 2005: 53).***

39 Vgl. Weidner (2007: 347).

40 Vgl. Selle (2005: 189-190).

41 Csigó (2006).

42 Vgl. Schwarting (2005: 2): „[V]ermutlich stehen wir am Beginn (vielleicht schon mitten in) einer völligen Umwälzung dessen, was wir gemeinhin als Kommunalpolitik bezeichnen".

43 NIC: Global Trends 2025, Vorwort (2008: I).

weil die Interdependenzen globaler Entwicklungen (Aufstieg neuer Mächte, Internationalisierung, Finanzwirtschaft, Klimawandel, Ressourcenverknappung, geostrategische Energiepolitik, Demographie, Welthandel) zu komplex geworden sind.[44]

Ein Fazit der Studie: „More Change than Continuity"[45], mehr Diskontinuität, mehr Schocks, mehr Überraschungen. „Politics is not always local"[46] beschreibt ein Szenario, in dem verschiedene nichtstaatliche Netzwerke (NGO's, religiöse Gruppen, Unternehmensführer und lokale Aktivisten) sich verbünden, um den Kurs der internationalen Umweltpolitik zu bestimmten und in dem sie ihre Durchschlagskraft nutzen, um den UN-Generalsekretär zu wählen. In Konsequenz heißt dies:

„The global political coalition of nonstate actors plays a crucial role in securing a new worldwide climate change agreement. In this new connected world of digital communications, growing middle classes, and transnational interest groups, politics is no longer local and domestic and international agendas become increasingly interchangeable."[47]

Insbesondere das Ende der Kontinuität und die

44 vgl. Radermacher (2002: 56): „Denn über den Weltmarkt hängt fast alles mit allem zusammen".
45 vgl. NIC: Global Trends 2025, Vorwort (2008: 3).
46 vgl. NIC: Global Trends 2025, Vorwort (2008: 4).
47 NIC: Global Trends 2025 (2008: 4).

wachsenden Interdependenzen sind schon jetzt erkennbar. Ob als Reaktion darauf eine neue Abschottungspolitik, „eine Abkehr vom Welthandel und die Entstehung kontinentaler Autarkiezonen"[48] folgt, wie Eilenberger dies in einer IP-Polemik[49] als Szenario für Europa 2030 beschrieben hat, kann niemand wissen. Aber es ist eine denkbare, wenn auch bisher kaum wahrscheinliche Perspektive. Sie unterscheidet sich gravierend vom Status Quo. So bleibt der Befund, dass wir allenthalben Strategien brauchen, um fit zu werden für eine andere Zukunft, weil voraussichtlich nichts bleibt wie es ist.

48 Eilenberger (2009: 10).
49 IP: Zeitschrift für Internationale Politik.

2 Zur Notwendigkeit strategischer Kommunalentwicklung

Die Folgen globaler Turbulenzen sind auf allen Ebenen zu erkennen: national, regional und lokal. Für Pröhl ist die Kommune sogar „der Ort, an dem globale Veränderungen am ehesten und unmittelbarsten gespürt werden"[50].

Steigender Wettbewerbsdruck in umkämpften Märkten vor allem auf Kosten des Mittelstands, zurückgehende Nachfrage wegen mangelnder Kaufkraft, wegen steigender Arbeitslosigkeit oder Bevölkerungsschrumpfung in kriselnden Städten und Gemeinden, eine bisher nie gekannte Ökonomisierung gesellschaftlicher Aufgabenfelder zu Lasten sozialer Aspekte, die Neigung, soziale Kosten abzuwälzen auf die Allgemeinheit[51] und damit vor allem auf die Kommunen, – all dies zwingt Unternehmen und öffentliche Hand, Private und Institutionen, sich bis auf die lokale Ebene an veränderte Bedingungen anzupassen und (oft unfreiwillig) neue Wege zu gehen oder aufzugeben.

„Schrumpfung als vorherrschender Entwicklungs-

50 Pröhl (2001: 21).

51 Vgl. Taylor (2006: 12).

modus von Städten und Regionen"[52] ist seit einiger Zeit in immer mehr Bundesländern als Trend erkennbar.

Diese Mixtur sich gegenseitig beeinflussender und überlagernder Problemlagen führt zu einem Gefühl der Ohnmacht, dem sich vor allem die bisher sichere Mittelschicht ausgesetzt sieht.[53]

Ohnmächtig fühlen sich oft auch lokale Politiker und Verwaltungen angesichts der Probleme, mit denen Kommunen konfrontiert sind. Ohnmacht aber kann nur überwunden werden durch aktives, strategisches Handeln. Deshalb können sich Kommunen und ihre Akteure trotz ihrer Vorliebe für „stabile, dauerhafte Organisationszustände in einer dynamischen Umwelt"[54] den globalen und nationalen Entwicklungen nicht verschließen. Sie müssen strategisch offensiv handeln, wenn sie ihre Selbstverwaltung auf Dauer sichern wollen. Ansonsten werden sie zu Getriebenen, die nur noch reagieren und nicht mehr agieren können. Pro-aktiv strategisch zu handeln, bietet Chancen, die nicht zu unterschätzen sind.

Strategische Planungen können helfen, indem „sie

52 Weidner (2007: 345); König (2018)
53 Vgl. Radermacher / Beyers (2008: 78).
54 Nolte (2008: 99).

eine positive Zukunftsvision kreieren, endogene Potentiale für die Stadt entdecken und zusammenführen sowie eine große Anzahl von AkteurInnen aus der Privatwirtschaft und der Zivilgesellschaft in dieses Zukunftsprojekt einbinden (z.b. Bilbao, Birmingham)"[55], was letztlich zu Local Governance-Arrangements führt, in denen Beteiligte unterschiedlicher Provenienz Kräfte bündeln, Synergien nutzen und Erfahrungen austauschen.

Trotz aller Risiken ist strategische Zukunftsentwicklung eine Chance und eine Notwendigkeit für Kommunen im gesellschaftlichen und strukturellen Wandel. Bisher wird dies allerdings kaum so gesehen – insbesondere im Hinblick auf den demographischen Wandel. So räumt Reichard ein, „dass systematische, zielorientierte und auf Nachhaltigkeit ausgerichtete Bemühungen von Politik und Verwaltung um eine strategisch gesteuerte Grundausrichtung der Kommune sowie um eine gezielte Ko-Evolution der Kommune und ihres ökonomischen, sozialen und politischen Umfeldes in den vergangenen Jahren eher unterentwickelt gewesen ist."[56]

55 Frey / Hamedinger / Dangschat (2008: 16).
56 Reichard (2001: 80).

3 Kommunaler Strategie-Befund: Die Kunst des Muddling Through[57]

Noch herrscht in deutschen Kommunen mit Blick auf die potenziellen Wähler die Neigung vor, mit kurzfristigen Aktionen[58] auf demographische und wirtschaftliche Herausforderungen zu reagieren.

Statt langfristig Ziele abzustecken, um von kurzfristigen Veränderungen weitgehend unabhängig zu sein, wie Henzler dies empfiehlt[59], versuchen nicht wenige Kommunen, gegenüber Wettbewerbern „eine Sequenz temporärer Vorteile zu erzielen"[60], um so zu überleben, weil für die Umsetzung langfristiger Strategien gar keine Zeit mehr bleibt.

Dabei stehen meist nicht Kooperations- sondern Konkurrenzstrategien im Vordergrund[61], bei denen es mehr Verlierer als Gewinner gibt. Die Konkurrenz soll verzichten, Einrichtungen schließen, Unternehmen

57 Charles Lindblom schrieb 1959 den bahnbrechenden Artikel „The Science of ‚Muddling Through'", in dem er konstatierte, dass Politik kein strukturierter, rationaler, gut organisierter Prozess sei, sondern ein Durchwursteln in einem chaotischen Umfeld mit Hilfe kleiner, inkrementeller Schritte. Vgl. auch Bogumil / Jann (2008: 167).

58 Diverse Autoren nennen es Aktionismus (z.B. Goch 2009: 349; Köppen 2008; Auth / Holland-Cunz 2007: 65; Selle 1994; König 2018)

59 Henzler (2005: V).

60 Rall / König (2005: 11).

61 Stopper (2008: 221-222).

verlieren, damit man selbst den Status quo erhalten kann. Die von Rall / König beschriebene Strategie temporärer Vorteile ist bundesweit vielfach erkennbar.

Kommunen verschärfen den Wettbewerb untereinander, gewähren hier Geburtsprämien, verkaufen dort Gewerbegrundstücke zum Dumpingpreis, um kurzfristig Vorteile gegen Nachbargemeinden oder -städte zu erzielen, die sich dann doch nicht als tragfähig erweisen. So entsteht Aktionismus[62], der mit hohem Aufwand und ebensolchem Ressourcenverbrauch verbunden ist.

Das aber ist weder nachhaltig noch effizient noch effektiv. Der Versuch, durch Konkurrenz und Dumping-Verhalten zu Lasten Dritter Veränderungen zu vermeiden, ist i.d.R. zum Scheitern verurteilt, weil er zu Ressourcenverknappung[63], Verdrängungseffekten, Frustrationen und nicht selten auch zu ökonomischen und ökologischen Krisen führt, die von nachfolgenden Generationen zu bewältigen sind. Diese Politik ist nicht zukunftsorientiert.

62 Vgl. Köppen (2008: 273); König (2018: 157).
63 Vgl. Göschel (2009): „Megatrends, Zukunftsunsicherheit, Nachhaltigkeit: Zur Zukunft der Europäischen Stadt." S. 2.

Radermacher / Beyers sehen in solchen Strategien ein klassisches Gefangenendilemma.

„Da sich Einzelne verweigerten, blieben sie alle Gefangene einer fehlgeleiteten Konkurrenzsituation, in der jeder etwas tun musste, weil er glaubte, dass der andere es auch tat und dadurch einen Nachteil haben könnte, wenn man sich selber zurückhielt. In diesem Sinne blockierten sich alle gegenseitig, und der Prozess der Zerstörung setzte sich fort. Alle befanden sich in einem Gefangenendilemma."[64]

So gibt es keine Win-Win-Situationen, auf Dauer nicht einmal Win-Lose-Situationen. Auf lange Sicht führt eine kommunale Konfliktstrategie wegen der hohen Kosten und der Ressourcenverschwendung zu Lose-Lose-Situationen[65], bei denen am Ende keiner der Beteiligten einen Vorteil hat. Die gesamte Region verliert. Das kann nicht im Interesse des Gemeinwesens sein.

Um solche kollektiven Loser-Situationen zu vermeiden, spricht viel dafür, in Umbruchszeiten strategisch vorzugehen und flexible Entwicklungspläne auszuarbeiten, die auch für kommende Generationen tragfähig oder zumindest konsensfähig sind. Dies kann von vornherein langfristig, aber auch inkrementalistisch[66],

64 Vgl. Radermacher / Beyers (2008: 78).

65 Vgl. Schmidtchen (2005: 67, Fn. 1).

66 So hat Ganser im Rahmen des Projekts IBA Emscher Park nachgewiesen, dass perspektivischer Inkrementalismus in der Praxis erfolgreich

also Schritt für Schritt erfolgen, sofern sich dies nicht auf ein „muddling through“[67], ein Durchwursteln in schwierigen Lagen, beschränkt.

Ob dies unbedingt gemeinsam und partizipativ erfolgen muss, ist empirisch nicht belegt. Gemeinsamkeit ist kein Wert an sich.

Partizipation und Kooperation können nicht um jeden Preis betrieben werden.[68]

Denn auch dort kann es zum „muddling through“ kommen. Wenn die Zusammenarbeit zu faulen Kompromissen führt, bei denen der kleinste gemeinsame Nenner die Strategie bestimmt und Innovationen und unkonventionelle Lösungen ausgeschlossen werden, kann es besser sein, sich als kleine, innovative Einheit pro-aktiv im Wettbewerb zu positionieren und sich zu profilieren, um an Attraktivität zu gewinnen und dabei möglicherweise sogar zögernde Nachbarn mitziehen zu können. Das ist eine Frage der Kompetenz und des Mutes, zuweilen auch eine Frage von „Distinktion und Deutungsmacht“[69], wie es die PR-Bran-

---

sein kann (Ganser/Siebel /Sieverts 1993: 114; Selle 2005: 69).

67 Lindblom (1959); Selle (2005: 68).

68 Vgl. König (2011: 72); König (2018).

69 Vgl. Rademacher (2005). Der Begriff Distinktion im Sinne der „feinen Unterschiede“ spielt bei Bourdieu (1979: La distinction) eine wich-

che formuliert – also von Unterscheidbarkeit und der Fähigkeit, dies wirkmächtig zu kommunizieren. Dass kreative Einzelkämpfer gute Chancen haben, beweisen die Marktführer in Branchen wie Internet, Medien, Sport und Nahrungsmittelindustrie.

Gutes Anschauungsmaterial liefert auch die Automobilindustrie. Dort zeigt sich, dass die Unternehmen die strategisch bessere Position haben, die sich rechtzeitig auf zukunftssichere Antriebstechniken (z.B. Hybridmotoren, Elektromotoren) und leichte, umweltfreundlichere Modelle eingestellt haben. Dabei sind die kleinen Hersteller nicht die Schlechtesten. Diejenigen, die nur kurzfristig und hektisch (etwa mit drastischen Preisnachlässen) auf Marktveränderungen reagierten und keine Zeit für langfristige Strategien hatten, könnte am Ende auch „keine Zeit zum Überleben"[70] haben.

Für die Kommunen bedeutet dies: Es ist für Städte und Gemeinden sinnvoll, sich auf der Grundlage innovativer Strategien pro-aktiv zu positionieren und zu profilieren, um (auch für Investoren) an Attraktivität

---

tige Rolle.

70 Vgl. Eva Hierlmeier: Keine Zeit zum Überleben. In: Computer Reseller News v. 11.11.2004.

zu gewinnen[71] und um auch ökonomisch die aktuellen und künftigen Herausforderungen besser bewältigen zu können. Dies soll aber nicht im Sinne eines Verdrängungswettbewerbs mit Dumping-Verhalten zu Lasten Dritter erfolgen, sondern mit einer offenen Modernisierungsstrategie, die auf neuen Pfaden Neues ausprobiert, um Zukunftsziele zu erreichen, die andere noch gar nicht formuliert haben. Dagegen muss sowohl einem blinden Aktionismus als auch einem reaktiven Muddling Through eine Absage erteilt werden. In beiden Fällen sind die Kommunen Getriebene, nicht selbstverantwortlich Handelnde. Das ist nicht im Sinne der kommunalen Selbstverwaltung.

Weil Kommunen das Rad nicht neu erfinden müssen, sollen zunächst Strategie-Modell aus der Wirtschaft dargestellt werden, um daraus Erkenntnisse für die Anwendung in der lokalen Politik und Verwaltung zu ziehen.

71 Vgl. Frey / Hamedinger / Dangschat (2008: 16).

4 Strategien zur Existenzsicherung und Entwicklung: Steuerung statt Muddling Through

Strategien sind nicht zweckfrei, sondern zielorientiert.[72] Das ist ein fundamentaler Grundsatz.

„Oberziel jeder Strategie ist die langfristige Existenzsicherung"[73], schreibt Bickhoff. Bea & Haas sprechen von der „Sicherung des langfristigen Erfolgs eines Unternehmens"[74], was gleichermaßen auch für Organisationen, Institutionen und Kommunen gilt.

Diese Sicherhung des langfristigen Erfolgs geschieht „in aktiver Auseinandersetzung mit dem Wettbewerb und seinen Chancen und Risiken"[75] und bezogen auf den Betrieb oder die Organisation „unter Berücksichtigung der individuellen Stärken und Schwächen".[76]

Allerdings ist dieser Nachhaltigkeitsaspekt in der Vergangenheit vielfach zu kurz gekommen. Kurzfristige Anlage-Interessen von Shareholdern

Der St. Galler Ansatz von Probst geht über die blo-

72 Vgl. Bea / Haas (2005: 73); Bausch (2013: 41); Plischke (2017).
73 Bickhoff (2008: 12).
74 Vgl. Bea / Haas (2005: 51).
75 Bickhoff (2000: 53).
76 Bickhoff (2000: 53).

ße Existenzsicherung hinaus und fokussiert auf die Entwicklungsfähigkeit durch „Selbst-Organisation"[77] und Wissensmanagement. Voraussetzung ist, „dass die ‚Welt' beeinflussbar ist".[78] Dabei spielt Kommunikation eine Schlüsselrolle. Die Welt wird holistisch betrachtet[79].

Die „neue Unübersichtlichkeit"[80] der Moderne mit ihren Turbulenzen versuchen Kirsch, Seidl und van Aaken zu erfassen, in dem sie davon ausgehen, dass sich Organisationen evolutionär[81] in „eine offene Zukunft hinein"[82] entwickeln. Die Strategie soll ganzheitlich, von den Entscheidern gewollt, handlungsorientiert, systematisch und nachhaltig angelegt sein.

Strategisches Management soll also nicht nur die Existenz im Wettbewerb sichern und die Entwicklung träger und veränderungsresistenter Systeme und Organisationen voranbringen, sondern auch deren

---

77 Vgl. Probst (1987).

78 Macharzina / Wolf (2008: 87).

79 Im Gegensatz zu einer Weltsicht, die Komplexität reduziert, baut Holismus auf Ganzheitlichkeit auf. Grundlegend bei Platon und Aristoteles.

80 Vgl. Habermas (1985).

81 Kirsch / Seidl / van Aaken (2009); vgl. Sachs (1997): Evolutionäre Organisationstheorie.Kieser (2002).

82 Bea / Haas (2005: 32).

Fitness[83] und Vitalität[84] steigern. Kirschs Ideal ist die „[f]ortschrittsfähige Organisation als Ausdruck des höchsten gegenwärtig vorstellbaren Entwicklungsniveaus"[85]. Dazu ist Leadership notwendig. Kirsch setzt dabei auf ein evolutionäres Führungskonzept[86].

Es geht um die zentrale Frage, wie mit strategischen Instrumenten in einer Zeit rasanter ökonomischer, sozialer und anthropogener Veränderungen die Bereitschaft zum Wandel bei trägen, verunsicherten, selbstreferentiellen, autopoietischen[87] und auf Erhaltung des Status Quo beachten Organisationen und Institutionen geweckt werden kann.

Auf die Vielzahl der Strategieansätze kann hier nicht eingegangen werden. Neben Wettbewerbsstrategien nach Porter finden sich in der Literatur u.a. empirische und pragmatische Strategien, Marktfeldstrategien, Konfliktstrategien, Kooperationsstrategien, Rückzugsstrategien, Innovationsstrategien, Vitalisie-

83 Nicht nur im Sinne von Gesundheit, sondern auch im speziellen Fit-Ansatz von Bea / Haas im Sinne eienr Stimmigkeit der Strategie und der Philosophie des Unternehmens.

84 Vgl. Scholz (2007).

85 Kirsch (1997: 654).

86 Vgl. Kirsch (1996): Wegweiser zur Konstruktion einer evolutionären Theorie der strategischen Führung. Vgl. auch Laszlo (1992): Evolutionäres Management;

87 vgl. *Luhmann*

rungsstrategien und viele andere mehr. Mit Strategiebüchern kann man Regalwände füllen. Eine auch nur kursorische Darstellung würde den Rahmen sprengen.

Stattdessen sollen einige wenige Schulen nach der Kategorisierung Mintzbergs als mögliche Vorbilder aus der Wirtschaft für Public-Strategy-Ansätze im Überblick dargestellt werden, ergänzt um Ansätze der „vitalen Organisation".

5 Vorbilder: Strategieansätze aus der Wirtschaft

5.1 Wider die „Quintessenz des strategischen Managements"

Obwohl das Strategische Management als Disziplin noch jung ist und von Bea & Haas auf die Zeit um 1976 datiert wird[88], als Ansoff, Declerck und Hayes ihr Buch „From Strategic Planning to Strategic Management"[89] publizierten, ist die Literatur darüber nahezu unübersehbar geworden.[90]

Populär sind Versuche, Sun Tsus Strategie der Kriegskunst in moderne Unternehmensstrategien zu übersetzen. Zwar wird in populären Kompendien versucht, die „Quintessenz des strategischen Managements"[91] von den historischen Grundbegriffen über die wichtigsten strategischen Instrumente bis hin zur praktischen Verwertbarkeit zu vermitteln, um „im

88 Vgl. Bea / Haas (2004: 7).

89 Ansoff / Declerck / Hayes (1976), ein Vorläufer war Ansoff (1965) mit „Corporate Strategy".

90 Eine stichpunktartige Online-Recherche über den gemeinsamen Bibliotheksverbund GBV erbrachte über 6700 Titel.

91 Vgl. Bickhoff (2008).

Wettbewerb zu überleben"[92] (und das auf 130 Seiten), doch erscheint dieser populäre Häppchen-Ansatz geradezu vermessen.

Ich wähle deshalb eine andere Vorgehensweise. Beispielhaft sollen wichtige Elemente strategischen Handelns, strategischen Managements und strategischer Planung und Entwicklung dargestellt werden. Unter den vielen Ansätzen des Strategischen Managements hat Mintzberg[93] zehn Denkschulen identifiziert. Diese dienen hier als Orientierung.

92 Vgl. Bickhoff (2008).
93 Mintzberg et al. (2007).

5.2 Strategisches Design, Werte und sozialer Organismus – mehr als Effizienz

Sehr einflussreich war (und ist) die präskriptiv ausgerichtete Designschule, die auf Selznick[94] und Chandler[95] zurückgeht. „Doch den entscheidenden Anstoß erhielt die Designschule von der General Management Group an der Harvard Business School."[96] Neu ist, dass sie der internen und der externen Situation des Unternehmens (technologisch, wirtschaftlich, politisch und sozial) besondere Bedeutung beimisst.[97]

„Im Mittelpunkt der Designschule steht die herzustellende Kongruenz zwischen den Stärken/Schwächen eines Unternehmens und den Chancen/Gefahren der Umwelt. Die Genese der Strategie wird dabei als ein kreativer Akt der Topmanager verstanden, die die Situation des Unternehmens reflektierend eine einzigartige Strategie erschaffen."[98]

Selznick verwandte Begriffe wie „'distinctive competence' (herausragende Fähigkeiten, in denen ein bestimmtes Unternehmen einzigartig gut ist und die meisten anderen schlecht) und ‚organizational character' (eine Vorwegnahme der Idee der Unterneh-

94 Selznick (1957).
95 Chandler (1962).
96 Mintzberg et al. (2007: 39).
97 Vgl. Mintzberg et al. (2007: 40).
98 Kirsch / van Aaken (2008: 18).

menskultur)"[99]. Selznick erkannte schon 1957, dass Unternehmen, Organisationen oder Institutionen Werte brauchen und nicht nur Effizienzziele.

So gehört auch die „Formung des Sozialcharakters der Institution"[100] zu den strategischen Designaufgaben des Managements.

Als bahnbrechend gelten auch die Studien Chandlers zu Strategie und Struktur im Unternehmen. Chandler erläuterte, dass sich Strategie und Struktur eines Unternehmens oder einer Institution nicht parallel entwickeln. Seine viel zitierte Formel „Structure follows strategy" ist zu einem Standard in der Managementliteratur geworden. „Danach ergibt sich aus der Umwelt- und Wettbewerbsanalyse die optimale Strategie und daraus wiederum die optimale Organisationsstruktur".[101]

Außerdem entdeckte Chandler strategische Potenziale („Organizational Capabilities"), die „der Erlangung eines Wettbewerbsvorteils und eines spe-

---

99 Peters / Waterman (2003: 126).

100 Selznick (1957), zit. nach Peters / Waterman (2003: 127).

101 Scholz (2007: 150). Chandlers Kritiker behaupten, die Formel müssen umgekehrt lauten „strategy follows structure". Scholz plädiert gegen ein striktes entweder-oder und hält eine situationsangepasste Analyse für erforderlich, um dies zu entscheiden, was auch sinnvoll erscheint.

zifischen Profils bei Kunden“[102] dienen. Dies ist die dynamische und emergente Komponente im strategischen Designansatz von Selznick und Chandler.

Zentral für dieses strategische Konzept sind die Bedeutung der Umweltanalyse mit „Stärken und Schwächen einer Organisation im Lichte der Chancen und Bedrohungen in ihrer Umgebung“[103], die Wertegebundenheit, die Formung des Sozialcharakters und die Abhängigkeit der Struktur von der Strategie, wobei der letzte Punkt der umstrittenste ist. „Ihre zentralen Konzepte bilden auch heute noch die Grundlage von Strategiekursen an den Universitäten und liegen weitgehend der modernen Praxis des strategischen Managements zugrunde.“

Das Element der Umweltbetrachtung mit ihrer SWOT-Analyse[104] ist auch heute noch aktuell.

Auch die Profilierung durch „distinctive competence“ und „organizational character“ ist in einer Zeit der Ökonomisierung, der Effizienz- und Effektivitätsbetrachtungen wertvoll. Ohne Führung ist ein solches Konzept nicht möglich.

---

102 Scholz (2007: 83).

103 Mintzbeg et al. (2007: 38).

104 Strenghts, Weakness, Opportunities, Threats.

„Führung ist immer dann mehr als Effizienzsicherung, wenn sie (1) den grundlegenden Unternehmenszweck (die ‚Mission') bestimmt und (2) einen sozialen Organismus schafft, der diesen Unternehmenszweck erfüllen kann."[105]

Daraus entwickeln Peters / Waterman die Forderung nach zwei grundlegenden Betrachtungen, die zusätzlich zu ökonomischen Aspekten zu sehen sind:

„(1.) Die Betrachtung von Unternehmen, vor allem der exzellenten Unternehmen, als eigenständige Kulturen, (2.) die Entwicklung zum erfolgreichen Unternehmen im Zuge einer zielstrebigen, im einzelnen jedoch nicht prognostizierbaren Evolution."[106]

Die Basisempfehlung für die Designschule lautet: „Denke!"[107], denn die Entwicklung der Strategie ist vor allem ein konzeptioneller, bewertender Prozess anhand der Stärken und Schwächen sowie der möglichen Unterscheidungsmerkmale durch Kernkompetenzen.

Als Realisierungsmethode wird der „Entwurf der Strategie als Fallstudie"[108] empfohlen.

Obwohl ihr keine Theorietradition zugrunde liegt, hat die Designschule Wirkung gezeigt – und sie hat

105 Selznick (1957), zit. nach Peters / Waterman (2003: 127).
106 Peters / Waterman (2003: 131).
107 Kirsch / van Aaken (2008: 19).
108 Kirsch / van Aaken (2008: 19).

auch noch immer (durch ihre Anwendungsnähe und die Einbeziehung der Kultur) ihre Reize. Problematisch ist, dass die Methode stark auf Top-Manager als „Architekten" des Unternehmens, der Institution oder des Wandels abgestellt ist. „Die Designschule kennt letzten Endes nur einen einzigen Strategen, und das ist der Manager, der an der Spitze der Organisationspyramide steht."[109] Das ist heute im Zeitalter der Teamarbeit, der Vernetzungen und Verflechtungen und der Governance-Arrangements nicht mehr zeitgemäß. Mintzbergs kritischer Kommentar dazu:

> *„Wenn das Modell der Designschule die Unternehmensleiter dazu motiviert, Strategie zu sehr zu vereinfachen, wenn es verspricht, ‚Gebt mir eine Beschreibung der Lage, und ich gebe euch eine Strategie', wenn es leugnet, dass Strategieentwicklung ein langer, subtiler und schwieriger Lernprozess ist, wenn es Manager dazu ermutigt, das Denken vom Handeln zu trennen und an ihren Schreibtischen zu bleiben, statt den Kontakt mit den Betrieben und Kunden zu suchen und ihnen echte Informationen zu entlocken - dann können einige schwerwiegende Probleme entstehen, die heute leider vielen Organisationen vertraut sind."*[110]

Was er noch schärfer kritisiert, ist der Umstand, dass die Strategieentwicklung und die Strategieformulierung keinen evolutorischen Prozess und keine schritt-

109 Mintzberg et al. (2007: 44).
110 Mintzberg et al. (2007: 54).

weise Anpassung der Organisationsstruktur vorsehen. „Hier ist Strategie das große Konzept, die endgültige Entscheidung."[111] Das macht sie viel zu statisch – und die Gefahr des Scheiterns zu groß. Trotzdem scheint diese geradezu „biblische"[112] Sicht der Erschaffung einer neuen Strategie und damit einer neuen (Unternehmens-)Welt auf Top-Manager und Spitzenpolitiker oder Top-Repräsentanten globaler Organisationen und Verbände bis heute einen großen Reiz auszuüben, der sich auch in der Vergütung ausdrückt. Um so höher ist allerdings auch die Fallhöhe[113] beim „Göttersturz" aus dem Olymp.

111 Mintzberg et al. : (2007: 47).
112 Mintzberg et al. : (2007: 47).
113 Nach Gottsched, dem großen deutschen Dichter.

5.3 Die Planungsschule – Strategieentwicklung als formaler Prozess

Im Gegensatz zur einfachen und flexiblen Designschule ist die Planungsschule stark formalisiert. Die Planungstheorie, die vor allem mit Ansoffs „Corporate Strategy"[114] verbunden wird, steht in Verbindung zur Systemtheorie, zur Kybernetik und zur Stadtplanung.

Mit Ansoff haben Zahlenspezialisten, Matrixanalysten und Programmformalisten Einzug ins Strategische Management gehalten. Strategie ist nun nicht mehr Angelegenheit des „denkenden Topmanagers", der nach SWOT-Analysen konzeptionelle Entscheidungen trifft.

An seine Stelle treten die Analysten und Planungsstäbe mit Checklisten, Budgetplänen, Kennzahlen, Zeit- und Ablaufprogrammen. Der Top-Manager muss sich im Extremfall nur noch ein paar Tage im Jahr mit strategischen Plänen befassen, so Mintzberg. Das hatte allerdings in der Hoch-Zeit dieser Methode den Effekt, dass sich zwischen Managern und Planern ein „Planungsgraben"[115] auftat.

114 Ansoff (1965).
115 Mintzberg et al. (2007: 70).

Ausgangspunkt ist auch hier die SWOT-Analyse, die in weitere Schritte aufgeteilt und durch Checklisten ergänzt wird. Gearbeitet wird mit einem expliziten Plan, der in Unterstrategien und Programme aufgeteilt ist, die Formulierung dieser detaillierten Anweisungen kommt dem formalen Programmieren nahe. Dabei sollen unterschiedliche Planungsmethoden wie Budgetierung, Szenarien, Zeitplanung einbezogen werden.[116] Die Vertreter der Planungsschule sind der Überzeugung, dass „die hohe Komplexität und Unsicherheit" einer turbulenten Wirtschaftschaftswelt „durch vereinfachte Linearität und umfassend eingesetzte Instrumente plan- und steuerbar ist". Dabei handelt es sich vor allem Kontrollinstrumente und Indikatoren.

> *„Der Überbegriff für alle diese Umsetzungsbestrebungen lautet* **Planung**, *aber die dahinterstehende Absicht heißt (...) in Wirklichkeit oft* **Kontrolle**. *Jedes Budget, jedes Subziel, jeder Betriebsplan und jedes Aktionsprogramm wird einer bestimmten Organisationseinheit – einem Bereich, einer Abteilung, einer Zweigstelle oder einer Einzelperson – zugeteilt, welche die Vorgabe exakt umzusetzen hat."*

Die Basisempfehlung für die Planungsschule lautet „Formalisiere!"[117]

---

116 Vgl. Kirsch / van Aaken (2008: 19).
117 Kirsch / van Aaken (2008: 19).

Man könnte in Anlehnung an Mintzberg auch sagen: „Programmiere!"

In der Literatur werden zahlreiche Schwächen angegeben[118]. Zu den gravierendsten gehören die Lücke zwischen Soll und Ist, zwischen Zielen und operativen Ergebnissen. Je komplizierter die Planungen, um so weniger werden sie von den Top-Managern, die dafür nicht verantwortlich sind, zur Kenntnis genommen. Werden dann Defizite festgestellt, wird entweder „eingegriffen", um kurzfristig einzelne Stellschrauben zu verändern, oder mehr kontrolliert. Kritiker sprechen von „Paralyse durch Analyse".[119]

Das ist kein Plädoyer gegen Kennzahlen und gegen Planung. Wenn Planung aber zum Selbstzweck wird und die eigentliche Strategie mit Zielen und Werten dabei zu kurz kommen, führt dies zu einer neuen Form der Überbürokratisierung und der Lähmung der Organisation durch falsch verstandene Formalisierung. So „erstirbt im Unternehmen jeder Schwung, jede Lebendigkeit und jede Initiative"[120].

Da entsprechende Trends auch in Verwaltungen zu erkennen sind, wo die Planungsschule noch immer

118 Geradezu vernichtend: ***Mintzberg et al. (2007).***
119 Schulte-Derne (2004: 60).
120 Peters / Waterman (2003: 55).

oder immer noch viele Verfechter hat, soll hier eine weitere Warnung Mintzbergs aufgegriffen werden, der Organisationen empfiehlt, symbolisch zwischen „linkshändigen" und „rechtshändigen" Planern zu unterscheiden:

„Linkshändige Planer ermutigen kreatives strategisches Denken. Sie stellen alle Arten von schwierigen Fragen und suchen in den Handlungsströmen ihrer Organisation nach sich herausbildenden Strategien. Rechtshändige Planer befassen sich mit den eher formalen Arten der strategischen Analyse und insbesondere mit der strategischen Programmierung eindeutig beabsichtigter Strategien, die (...) nur für einen Kontext geeignet sind, der eher **stabil** *oder zumindest* **vorhersagbar** *ist, oder, was auf dasselbe hinausläuft, für einen von der Organisation* **kontrollierbaren** *Kontext."*[121]

Damit unternimmt Mintzberg das, was Jack Welch kurz nach Amtsantritt bei General Electrics gemacht hat: die Macht der formalistischen („rechtshändigen") Planer in Frage zu stellen und einzuschränken.[122]

„Wenn es jedoch um einen dramatischen Wechsel geht und die Situation einer Organisation weniger stabil, vorhersagbar und/oder kontrollierbar erscheint empfiehlt es sich, zuerst auf die lockeren Formen der Strategieerstellung und dann auf die linkshändigen Planer zurückzugreifen, nicht jedoch auf die Vorschriften der Planungsschule."[123]

---

121 Vgl. Mintzberg et al. (2007: 97).
122 Vgl. Mintzberg et al. (2007: 81).
123 Vgl. Mintzberg et al. (2007: 97).

Dies ist ein Plädoyer gegen falsch verstandene, planbare Rationalität, die „bereinigt [ist] um all die störenden menschlichen Faktoren", gegen Formalismus, gegen jede „falsch aufgezäumte Analyse, die zu komplex ist, um noch zu nützen und zu unhandlich, um flexibel zu sein (...)"[124].

Was von Ansoffs Planungsschule bleibt, ist für den Bereich der Wirtschaft sicherlich die Produkt-Markt-Matrix (Ansoff-Matrix, Z-Matrix) zu Markt-Durchdringung, Markt-Erweiterungen, Produktentwicklungen und Diversifikation im Rahmen einer Wachstumsstrategie sowie die Begriff Synergie mit der einprägsamen Formel 2+2=5. Für Kommunen bleiben die positiven Aspekte der Strukturierung von Prozessen, der Zielformulierung, der Kontrolle und der Objektivierung.

124 Peters / Waterman (2003: 55).

5.4 Strategische Positionierung – im Wettbewerb erfolgreich

Zu den einflussreichsten Denkschulen des Strategischen Managements[125] gehört die Positionierungsschule, die vor allem von Porter[126] geprägt und weiterentwickelt wurde. Wettbewerbsstrategie, Wettbewerbsanalyse, Portfoliotechniken und Benchmarking sind charakteristisch für diese Strategievariante. Die Boston Consulting Group (BCG) gehört zu ihren prominenten Vertretern[127]. In der Positionierungsschule wird Strategieentwicklung als analytischer Prozess verstanden, bei dem es darum geht, den eigenen und den relativen Marktanteil gegenüber Konkurrenten zu analysieren.

Ziel des Strategischen Managements im Sinne der Positionierungsschule ist es, die Wettbewerbssituation mit Hilfe eines Profils, das auf die Kunden zugeschnitten ist, nachhaltig zu festigen und auszubauen und damit Wettbewerbsvorteile zu erzielen. Die Erwartungen der Zielgruppen sind möglichst passgenau zu erfüllen. Bei Veränderungen darf das Profil nicht

125 Vgl. Kirsch / van Aaken (2008: 20).

126 Porter (1980): Competitive Strategy; dt. 1988: Wettbewerbsstrategie; Porter (1985): Competitive Advantage; dt. 1999: Wettbewerbsvorteile.

127 Schulte-Derne (2004: 66).

aufgegeben werden. Profilierung und Positionierung erfolgen über eine starke Fokussierung. Es geht um eine Marke oder eine Plattform, die authentisch ist und die Identität des Unternehmens oder der Institution überzeugend kommuniziert, die gegenüber dem Wettbewerb abgrenzt, Zielgruppen spiegelt, Entwicklungsspielräume und Marktperspektiven für die Zukunft eröffnet und auch noch in sich schlüssig ist. Positionierungen sind über den Preis, den Produktnutzen, einen neuen Kundennutzen, die geografische Herkunft, den möglichen Pioniercharakter, eine neue Produktkategorie, über neue Zielgruppen und andere Kategorien möglich. Dies ist eine wichtige Kommunikationsaufgabe. Positionierungsstrategien müssen so formuliert werden, dass jeder Mitarbeiter und jeder Kunde sie versteht und verinnerlichen kann.

Zu den Erfolgsfaktoren der Positionierungsschule zählen Kernkompetenzen, Produktportfolio, Kostenführerschaft, Standort, Corporate Identity, Image, Mitarbeiterpotenziale, Markenqualität. „Zur Unterstützung der Strategiewahl sind vielfältige Methoden entwickelt worden, von denen vor allem die Portfoliokonzepte, die Erfahrungskurve, aber auch Porters generische Strategien, die Five-Forces-Analyse und die Wertschöpfungskette Eingang in die strategische Managementlehre gefunden haben."[128]

Porter nennt fünf zentrale Wettbewerbskräfte:

- Markteintritt
- Gefahr durch Ersatzprodukte
- Verhandlungsstärke von Kunden
- Verhandlungsstärke von Lieferanten
- Rivalität unter den bestehenden Wettbewerbern.

„Hierbei bestimmen die Wettbewerbskräfte zusammengenommen die Wettbewerbsintensität und Rentabilität der Branche, wobei – wie Porter betont – die stärksten dieser Kräfte ausschlaggebend sind."[129]

Die Branchenstruktur gibt z.T. die Richtung vor.

Die drei generischen Strategien nach Porter sind:

- Kostenführerschaft
- Differenzierung
- Konzentration auf Schwerpunkte.[130]

Für Kommunen ebenso interessant wie für Unternehmen ist auch Porters „Wertkette". Es handelt sich um einen unternehmerischen Rahmen aus primären Aktivitäten und Unterstützungsaktivitäten. „Die pri-

128 Kranz (2007: 60).
129 Schulte-Derne (2004: 69).
130 Vgl. Porter (1985).

mären Aktivitäten stehen in direktem Zusammenhang mit dem Produktfluss zum Kunden". Dazu gehören Eingangslogistik, Operationen, Ausgangslogistik, Marketing und Verkauf sowie Service.[131] Zu den Unterstützungsaktivitäten zählen die Technologieentwicklung, Beschaffung, Personalwesen und Infrastruktur des Unternehmens inklusive der Finanz- und Buchhaltungsabteilung[132]. Sie sind also nicht primäres Anliegen der Institution, sondern lediglich Mittel zum Zweck und können auch extern organisiert sein.

Anders als in der Design- und in der Planungsschule gibt es in der Positionierungsschule nach Porter keine einzigartige Strategie mehr, sondern eine begrenzte Auswahl allgemeiner Grundstrategien[133], die situativ und branchenabhängig wie ein Puzzle kombiniert und zusammengesetzt werden können. Der Manager bleibt weiterhin der Herr der Strategien, der Planer ist Dienstleister, Zulieferer und Berater.

Die bekannteste und bedeutendste formale Umsetzung ist die Boston-Matrix der Boston Consulting Group (BCG), ein genial einfaches Instrument der

131 Vgl. Porter (1985: 3).
132 Vgl. Porter (1985); Mintzberg et al. (1999: 127).
133 Mintzberg et al. (1999: 102).

Portfolio-Planung[134]. In deren Mittelpunkt steht die Frage der derzeitigen Marktanteile bestimmter Produkte oder Dienstleistungen eines Unternehmens. Dabei umfasst die BCG-Matrix vier Felder mit vier Marktanteils-Typen, die je nach Marktanteil (x-Achse) und Wachstums-Potenzial (y-Achse) charakterisiert werden:

- „Stars mit hohem Marktanteil und hohem Wachstum, die die Zukunft sichern
- Milchkühe, die die Mittel für dieses zukünftige Wachstum liefern
- Problemkinder, die sich durch Geldzuschüsse in Stars verwandeln sollen
- Arme Hunde sind nicht notwendig; entweder ist es nicht gelungen, ihnen während der Wachstumsphase eine führende Marktposition zu sichern, oder es wurde versäumt, ihre Verluste zu minimieren."[135]

Für Kritiker der Strategischen Planung ist die Boston-Matrix extrem minimalistisch wie ein Kochre-

134 Portfolio ist ursprünglich eine Sammelmappe, in dem Bündel von Kunstwerken, Arbeiten, Produkten zusammengestellt sind. Hier ist unter Portfolio ein diversifiziertes Warenangebot zu verstehen. Die BCG geht von der Notwendigkeit eines bereiten Geschäftsportfolios aus. „Jedes Unternehmen braucht Produkte, in die es sein Geld investieren kann. Jedes Unternehmen braucht aber auch Produkte, die Erträge erwirtschaften. Und letzten Endes sollte jedes Produkt Geld einbringen; wenn es das nicht tut, ist es wertlos." (***Mintzbeg et al. 1999: 116***).
135 Henderson (1979), zit. nach Mintzberg et al. (1999: 116).

zept.[136] Geschäftswelt und Wettbewerb sind aber nicht so simpel, wie es die Vier-Felder-Matrix aus Boston mit ihren prägnanten Etiketten suggeriert. Tatsächlich hat der Ansatz Tücken. So „kann sich, was wie ein Star aussieht, bald als schwarzes Loch erweisen, während eine armer Hund zum besten Freund eines Unternehmens werden kann"[137] – getreu dem Motto, dass alles fließt (Panta Rhei). Überraschungen, die auf dem Markt niemand erwartet hat und die die Gesamtsituation fundamental ändern, sind viel häufiger als dies die BCG-Matrix vermuten ließe. .

Trotzdem hat die Positionsschule samt BCG-Matrix einen entscheidenden Vorteil: Sie erlaubt es, Gewinner und Verlustbringer auf Grund empirischer Daten auf relativ einfache Weise zu identifizieren und zu charakterisieren. Was am Ende damit strategisch zu geschehen hat, ist Angelegenheit des Managers, der nach Vorlage der Analytiker die Strategie vom Baum der Erkenntnis pflücken[138] kann. Dabei sollte er neben harten Fakten auch „weiche" Erfolgskategorien in seine Betrachtungen einbeziehen.[139]

---

136 Mintzberg et al. (1999: 116).
137 Mintzberg et al. (1999: 117).
138 Vgl. Mintzberg et al. (1999: 103).
139 Vgl. Mintzberg et al. (1999: 144).

Gerade für kleine kommunale Einheiten (Gemeinden, Städte, Eigenbetriebe, Werke, Kulturbetriebe) kann es wertvoll sein, sich gegen die Großen kreativ und flexibel zu positionieren.

5.5 Die unternehmerische Schule – Geniale Idee und kreative Zerstörung

Die unternehmerische Schule (entrepreneurship) sieht Strategieformulierung als visionären Prozess eines charismatischen Gründers oder Managers. Als geistiger Vater gilt Schumpeter mit seiner „Theorie der wirtschaftlichen Entwicklung" und seiner Idee der „schöpferischen Zerstörung". Betont wird bei diesem Ansatz vor allem die Führungsrolle des Unternehmers – insbesondere des Pioniers und des Gründers – und damit auch des Entscheiders und seiner Vision.

Der Entrepreneur ist innovativ und kreativ. Er nutzt möglichst alle Ressourcen des Unternehmens als Basis der Entwicklung, um mit einer eigenständigen Vision Werte zu schaffen. „Der Entrepreneur besitzt die Kraft und Fähigkeit, traditionelle Strukturen aufzubrechen"[140], schreibt Kraus. Er will Werte schaffen, hat den Wunsch nach Unabhängigkeit und nach Umsetzung seiner Ideen und realisiert dies mit hohem persönlichem Engagement.

Der Unternehmer im Sinne Schumpeters ist das dynamische Element in einer sich wandelnden Welt.[141]

140 Kraus (2006: 18).
141 Vgl. Kraus (2006: 19).

Durch Innovationen werden „vorhandene Gleichgewichte zerstört und der Weg zu Wachstum und Fortschritt geebnet."[142] Wesentlich sind dabei neue Kombinationen von Produkten und Ideen.

Die unternehmerische Schule ist noch schärfer als die Designschule auf eine machtvollen Leader angewiesen, der Verantwortung und Risiko trägt. Allerdings kann sich gerade diese Machtkonzentration auch als hohes Risiko erweisen. Außerdem liegt „das Hauptaugenmerk nicht auf strategischen Prozessen, sondern vielmehr auf den persönlichen geistigen Prozessen der einzelnen Führungspersönlichkeit (nicht jedoch der Mitarbeiter, wie z.B. Intuition, Urteilsvermögen oder Erfahrung."[143]

Das Konzept wird heute bei jungen Startups propagiert und zielt vorwiegend auf Nischen. Auf andere Bereiche mit etablierten Kulturen lässt es sich aber schwer übertragen.

Es passt auch nicht derzeit in der Wirtschaft bevorzugten Leitbild des „rational handelnden ***homo oeconomicus***" und ist deshalb allenfalls als Spezialfall anzusehen.

---

142 Vgl. Kraus (2006: 19).
143 Kraus (2006: 47).

Es gibt allerdings eine Branche, die gerade lokal von Bedeutung ist, wo die unternehmerische Variante Bedeutung hat: Das ist der Einzelhandel mit seiner Strategie des lokalen Produzenten: „eine Organisation verfolgt in einer klar abgegrenzten geographischen Nische ein Standardrezept"[144] und ist genau damit erfolgreich. „Es gibt Organisationen, die sich in strategischer Hinsicht nur durch ihre Standorte unterscheiden, also zum Beispiel Benzin an einer bestimmten Straßenecke abgeben, Coca Cola in einer bestimmten Stadt abfüllen oder Steuern in einem bestimmten Land eintreiben."[145] Genau in solchen Situation kann aus Standard Exklusivität werden. Auch für Kommunen kann ein solches Rezept Erfolg versprechend sein. Im Sinne der unternehmerischen Schule brauchen sie dafür einen Leader, der eine Vision hat und die Kraft diese Vision vom Nischen-Produkt auch umzusetzen.

144 Mintzberg et al. (1999: 173).
145 Mintzberg et al. (1999: 173).

5.6 Die kognitive Schule – Landkarten des Denkens als Erfolgsrezept

Die kognitive Schule sieht Strategiebildung vorwiegend als mentalen Prozess und stützt sich dabei auf die kognitive Psychologie.[146] Wichtige Autoren sind Cyert / March mit ihrer „Behavioral Theory of the Firm“ (1958), Simon mit dem Buch „Administrative Behavior“ (1947) und Barnard (1938).

Die entscheidende Frage ist, wie Organisationen oder Institutionen mit ihrer Umwelt interagieren: einerseits durch „kognitive Wahrnehmung der Unternehmensumwelt durch die Organisationsmitglieder“[147], andererseits durch Anpassung an dieses komplexe und z.T. chaotische Umfeld.

Mit der Erklärung der kognitiven oder verhaltenswissenschaftlichen Theorie tun sich die meisten Kommentatoren schwer. Das liegt sicher an der Problematik, dem Denken der Strategen auf die Spur zu kommen, denn das war lange „Terra incognita“.[148] Diese Schule ist noch wenig entwickelt, könnte aber durch neue Forschungserkenntnisse zu einem Para-

146 Vgl. Kraus (2006: 48).
147 Stieglitz (2004: 42, Fn. 23).
148 Vgl. Mintzberg et al. (1999: 176).

digmenwechsel in der strategischen Forschung führen. Fokussiert wird nicht mehr auf planmäßige, klar strukturierte, optimierte Prozesse, die zu einem positiven Ergebnis führen, auch nicht mehr auf die genialen Ideen und Visionen eines Gründers oder „Machers", sondern auf die Tücken und Missverständnisse, die in einem kognitiven Prozess auftauchen, auf begrenzte Kapazitäten der Informationsverarbeitung, auf begrenzte Rationalität und andere Eigenheiten.

Das Entdecken der Terra incognita menschlichen Denkens und Verhaltens erfolgt mit Hilfe spezieller Landkarten, die „[k]ognitive Prozesse als Mapping" betrachten. In Anlehnung an neue Erkenntnisse der Hirnforschung wird die Organisation strategischer Denkprozesse an Hand von Schemata, Konzepten, oder auch Landkarten symbolisch dargestellt.

Dabei spielen Prozesse der Informationsverarbeitung eine wichtige Rolle: von der Aufmerksamkeit über die Sinneswahrnehmung zur Codierung und Speicherung und der kontextsensitiven Abrufbarkeit bis zur Entscheidung und der wahrnehmbaren Aktion reicht die sensorische Kette, die dabei untersucht wird. Demnach sind Manager „Informationsarbeiter"[149], die diese enorme Vielfalt an Sinneseindrücken und Informationen wegen ihrer begrenzten Zeit und der notwendigen Auswahl und Komprimierung nur verzerrt wahrnehmen.

„So glauben wir zu Beispiel, dass unsere Entscheidungen um so genauer sein werden, je mehr Informationen uns zur Verfügung stehen. Diese Überzeugung lässt sich nicht empirisch belegen. Statt dessen scheint ein Mehr an Informationen lediglich unsere Überzeugungen zu stärken, dass wir recht haben, ohne dass unsere Entscheidungen notwendigerweise richtiger werden. ... Tatsächlich sind die meisten verfügbaren Informationen redundant und von geringem zusätzlichem Wert."[150]

Voreingenommenheit, Verzerrungen und Fehleinschätzungen beeinflussen viele Managemententscheidungen. Makridakis fasst dies unter der Überschrift „Biases and Limitations of Our Judgement"[151] zusammen. Taleb spricht von „Asymmetrie bei der Wahrnehmung"[152], die erhebliche Auswirkungen auf Bewertungen haben. Dazu gehören Inkonsequenz, selektive Wahrnehmung, die „Neigung zum Sammeln von Fakten, die zu bestimmten Folgerungen führen, und zum Ignorieren anderer Fakten, die diese Folge-

149 Mintzberg et al. (1999: 182).

150 Makridakis (1990: 38).

151 Makridakis (1990: 36-37); das Thema hat auch Taleb (2008) in seinem Buch zu Schwarzen Schwänen ausführlich behandelt.

152 Taleb (2008: 192).

rungen in Frage stellen"[153], Wunschdenken, übermäßiger Optimismus, die Unterschätzung künftiger Unwägbarkeiten.[154]

Ein Jeder sieht die Welt durch seine Brille, gefiltert durch das individuelle Sinnessystem.

„Alle Informationen, die wir durch diese Filter aufnehmen – wo sie wahrscheinlich von den kognitiven Karten decodiert werden [155]-, interagieren mit den Denkprozessen und werden durch sie geformt. Mit anderen Worten: Der Geist stülpt der Umwelt eine Interpretation über – er konstruiert seine eigene Welt".

Das hat gravierende Auswirkungen für Entscheidungen: Manager und Leader müssen sich bewusst sein, dass ihre Analysen und Strategien nicht objektiv sind, dass selbst objektiv erscheinende Kennzahlen Teile einer interpretativen Sicht der Welt sind und nicht den Anspruch erheben können, wahr zu sein. Darüber hinaus kann die kollektive Wahrnehmung (der Kunden, der Konkurrenz, der Medien, der Mitarbeiter) eine ganz andere sein als die des Managers. Kognitive Konzepterstellung erfordert deshalb nicht nur Informationsgewinnung und Verarbeitung, sondern auch bidirektionale Kommunikation, um Varian-

153 Mintzberg /Ahlstrand / Lampel (1999: 180).
154 Vgl. Makridakis (1990: 36-37); Mintzberg (1999: 180-181).
155 Mintzberg et al. (1999: 193).

ten der Interpretation durch die Umwelt zu erfahren. Dabei ergibt ein Mehr an Informationen oder eine Verfeinerung bereits ausgefeilter Prognosemethoden nicht zwangsläufig eine bessere Prognose- oder Entscheidungsqualität.[156]

Makridakis empfiehlt angesichts der Ungewissheiten, proaktiv und präventiv zu handeln, wobei Planungen und Strategien auf alternative Entwicklungsmöglichkeiten eingestellt sein sollten.[157]

Für Mintzberg ist die kognitive Schule eine der wenigen, „die anerkennt, dass dort draußen eine interessante Umwelt existiert: dass Strategen ihre Strategie nicht einfach von irgendeinem Baum der Umweltchancen pflücken oder sich andernfalls passiv auf das Sofa der feststehenden Bedingungen zurücksinken lassen, wenn es ihren unternehmerisch denkenden Chefs nicht gelingt, sie durch Zauberei zu visionären Marktnischen zu führen".[158] Landkarten des Denkens, Konzepte, Schemata können immerhin Hilfsmittel zum Erfolg sein, wenn die CEOs ihren Kompass entsprechend eingerichtet haben. Dabei plädieren Roll /

156 Taleb (2008: 194).
157 Vgl. Gausemeier / Plass / Wenzelmann (2009: 192) nach Makridakis (1990).
158 Mintzberg (1999: 201).

Weber für „Überschaubarkeit statt Komplexität"[159] – so wie in Navigationssystem von Luxusautomobilen neben der Übersichtskarte eine grafisch und informationstechnisch minimalistische Pfeilführung den richtigen Weg weist.

159 Roll / Weber (2006: 213). Siehe auch Schreyögg (2002: 106).

5.7 Die Lernschule – Inkrementalismus und Dynamik einer sich entwickelnden Strategie

Die Lernschule setzt sich in einem entscheidenden Punkt von allen bisher behandelten Schulen ab, insbesondere von den normativ-präskriptiven. Demnach wäre „das traditionelle Bild der Strategie eine Phantasie"[160].

Stattdessen geht Lindblom in seinem bahnbrechenden und viel zitierten Aufsatz „The Science of Muddling Through"[161] von eine Sich-Durchwursteln in der Politik aus, die er in den Mittelpunkt seiner Betrachtungen stellt.

Sein deskriptiver Ansatz beschreibt, wie reale Entscheidungen in der Politik ablaufen, wo er sehr gutes Anschauungsmaterial findet. In einer Welt, die zu kompliziert und zu komplex ist, um sie mit rationalen Strategien zu bewältigen, hilft demnach nur eine Politik schrittweiser Veränderungen.

In „The Policy-Making Process" erläutert Lindblom, dass „Politik üblicherweise ein nie endender Prozess

160 Mintzberg et al. (1999: 205).
161 Lindblom (1959).

aufeinanderfolgender Schritte ist, bei denen an die Stelle eines einmaligen, kräftigen Zubeißens ständiges Nagen tritt"[162]. Dabei spricht er von fragmentiertem Inkrementalismus. Dabei handelt es sich um einen „'seriellen', ‚abhelfenden', ‚fragmentierten' Prozess, in dem Entscheidungen in der Peripherie getroffen werden, und zwar eher um Probleme zu lösen als um Chancen zu nutzen"[163]. Quinn hat dies in einem weiteren Schlüsselwerk „Logical Incrementalism"[164] genannt.

Vom heldenhaften Charismatiker, der mit seiner Vision ein Unternehmen zum Erfolg führt, bleibt in diesem Ansatz nichts übrig. Stattdessen wird akzeptiert, dass beim schrittweisen, fragmentierten Entscheiden „die übergeordneten Ziele oder auch nur die Zusammenhänge zwischen den einzelnen Entscheidungen kaum berücksichtigt"[165] werden.

Man kann den logischen Inkrementalismus als deskriptiven Desillusionismus bewerten, der trotz seiner Visionsfreiheit große Chancen bietet und eine beachtliche Dynamik und Vitalität entfalten kann. Karl

162 Lindblom (1968: 25-26); dt. Übersetzung in Mintzberg et al. (1999: 208).

163 Mintzberg et al. (1999: 207-208).

164 Quinn (1980): Strategies for Change: Logical Incrementalism.

165 Mintzberg et al. (1999: 208).

Ganser hat dies als wichtiger deutscher Vertreter des Inkrementalismus beim Projekt „IBA Emscher Park" eindrucksvoll bewiesen.[166] Seine inkrementelle Planung durch Projekte erwies sich als kluger Zug – oder in Analogie zum Schachspiel: als Partie als mit vielen klugen Einzelzügen.

Damit entsprach er dem, was Quinn als kontinuierlichen Prozess von pulsierender Dynamik beschrieb, bei dem

> *„... erfolgreiche Manager, die logisch inkrementell vorgehen, den Prozessen, in denen ihre Strategien entstehen, Verständnis, Identität und Engagement einpflanzen. Zu dem Zeitpunkt, da sich die Strategie im Brennpunkt zu kristallisieren beginnt, sind Teile von ihr bereits implementiert. Durch die strategischen Formulierungsprozesse wurden Schwung und psychologisches Engagement für die Strategie aufgebaut, die bewirken, dass sie in Richtung einer flexiblen Implementierung fließt. Die große Kunst effektiven strategischen Managements besteht darin, die simultan verlaufenden inkrementellen Prozesse der Strategieentwicklung und die Implementierung kontinuierlich zu integrieren."*[167]

Quinns Modell des logischen Inkrementalismus sieht nicht weniger als 14 Phasen vor, die ihrerseits noch einmal durch eine Reihe von Rückkopplungen

---

166 Zur perspektivisch-inkrementellen Strategie: Ganser / Siebel / Sieverts (1993).
167 Quinn (1980: 145).

„verlängert" werden.[168] Von Linearität des Prozesses kann keine Rede mehr sein. Es gibt Redundanzen und Feedback-Schleifen, „Strategieformulierung und -umsetzung laufen parallel ab".[169] Interessanterweise wird die Zielformulierung „nicht zu Beginn, sondern zum Ende des Prozesses vorgenommen"[170], damit unterscheidet sich der logische Inkrementalismus wesentlich von traditionellen Strategieschulen, z.T. widerspricht er ihnen fundamental.

Trial-and-Error-Prozesse sind wesentliche Merkmale innovativer Problemlösungen.[171]

„Die Strategiearbeit zeigt einen starken Projektcharakter."[172]

Strategisches Management gewinnt dadurch einen „Multiphasen-Charakter"[173], wobei zu beachten ist, dass Strategien nach diesem Muster nicht mehr zentral, sonder dezentral in „strategic subsystems"[174] geplant werden. Damit stellt sich die Frage, ob beim Inkrementalismus überhaupt noch von Steuerung die

168 Vgl. Quinn (1980: 104).
169 Welge / Al-Laham (2008: 162).
170 Welge / Al-Laham (2008: 162).
171 Vgl. Welge / Al-Laham (2008: 162).
172 Welge / Al-Laham (2008: 162).
173 Welge / Al-Laham (2008: 162).
174 Welge / Al-Laham (2008: 162).

Rede sein kann. Welge und Al-Laham bejahen dies. Das Management steuert indirekt: „Die zahlreichen Vorschläge, Impulse und Strategieformulierungen sind zu ordnen, zu überprüfen und gegebenenfalls durch eine Zuteilung von Ressourcen zu unterstützen".[175] Das ist nicht wenig. Außerdem hat der Inkrementalismus den Vorteil, dass nicht erst eine fertige Strategie entwickelt werden muss, bevor mit der Implementierung begonnen werden kann. In dieser Zeit hat sich die Welt schon weiter bewegt. Inkrementalismus ist flexibel und undogmatisch.

Es gibt auch für den Inkrementalismus Erfolgsrezepte.[176] Man nehme

- glaubwürdige Veränderungssymbole und Aktionen, die „ohne Worte komplexe Botschaften vermitteln"[177],
- Versuchsballons, um „Optionen für konkrete Vorschläge aufzuspüren"[178] und die Akzeptanz neuer Ideen zu testen,
- Diskussionsforen, um neue Standpunkte zu legitimieren oder die Informationsbasis zu verbreitern,
- Einzelgespräche, um Widerstände zu überwin-

175 Welge / Al-Laham (2008: 162).
176 Vgl. Mintzberg et al. (1999: 212).
177 Mintzberg et al. (1999: 212).
178 Mintzberg et al. (1999: 213).

den und Gegner zu überzeugen oder zu neutralisieren,

- Netzwerkpartner als Verbündete,
- Ausschüsse, Projektgruppen und Workshops, um politische Unterstützung auf breiterer Basis zu gewinnen,
- Identität stiftende Geschichten,
- Kreative Köpfe, die bereit sind, ständig Veränderungen herbeizuführen und neue Perspektiven durch Umgestaltungen zu eröffnen[179],
- das nötige Geld, um die Ideen schnell umsetzen zu können.

Der Inkrementalismus ist eine evolutionäre Schule, die auf ständigem Lernen der Organisation und ihrer Mitglieder aufbaut. Die Strategie ist nicht vorgegeben, sondern entwickelt sich prozesshaft und kann situativ verändert werden, begleitet wird die Entwicklung von intensiver Kommunikation in allen Phasen. Vom Management erfordert dies einen außerordentlich hohen Koordinierungs- und Korrekturaufwand, der viel Zeit erfordert und kommunikativ begleitet werden muss.

Zu den kreativsten Ansätzen im Rahmen der Lernschule gehört Mintzbergs eigene „Grassroots-Strategie“:

179 Vgl. Mintzberg et al. (1999); Quinn (1982).

„Strategien wuchern anfangs wie Unkraut im Garten und schlagen an allen möglichen eigenartigen Orten Wurzeln. Manche breiten sich wild aus und erstrecken sich schließlich auf die gesamte Organisation, während andere nicht einmal als Strategien erkannt, geschweige denn bewusst gemanagt werden."[180]

Wenn sie sich ausbreiten, können sie „zu Strategien der Organisation [werden], wenn sie kollektiv werden, das heißt, wenn sich die Muster derart ausbreiten, dass sie auf das Verhalten der gesamten Organisation übergreifen."[181] Das kann mit Hilfe bewusster Steuerung geschehen, muss aber nicht. Es ist auch nicht notwendig, dass dies von Chefebene gesteuert wird. Manager sollten die Chance nutzen, kollektiv entstandene Strategien offiziell zu übernehmen und zu implementieren. Dabei sind auch Experimente gewollt und erwünscht. Für Mintzberg heißt das:

„Das Management muss spüren, wann es eine bestehende Ernte an Strategien einfahren und wann es neue Sorten ermutigen soll, die alten zu verdrängen."[182]

Zu den spannenden neuen Entwicklungen im Rahmen der Lernschule gehört „Lernen als Erzeugung von Wissen."[183] Prahalad und Hamel heben vor allem

180 Mintzberg et al. (1999: 220).
181 Mintzberg et al. (1999: 220).
182 Mintzberg et al. (1999: 227).
183 Mintzberg et al. (1999: 240).

auf das Konzept des dynamischen Wissenserwerbs ab, um die Zukunft zu gewinnen[184]. Dabei hat das Top-Management ähnlich wie bei der Designschule eine Schlüsselrolle. Es soll nicht nur die Strategie festlegen, sondern auch Kern- und Unterscheidungskompetenzen[185] entwickeln und das organisatorische Lernen fördern.

Wie bei Mintzberg liefert auch hier die Biologie das Beispiel. Prahalad und Hamel nutzen des Bild eines Kompetenzbaums in diversifizierten Unternehmen:

> *„Der Stamm und die wichtigsten Äste sind die Kernprodukte, die kleineren Zweige die Geschäftseinheiten; die Blätter, Blüten und Früchte sind die Endprodukte. Das Wurzelsystem, das für Nahrung, Halt und Stabilität sorgt, sind die Kernkompetenzen".*[186]

Die Entwicklung von Kernkompetenzen bildet das Fundament für den Organisationserfolg. Dabei sind die Fähigkeiten des Managements und der Mitarbeiter prägend, ihr Können und ihr Wissen auf andere Bereiche auszuweiten und entsprechend anzuwenden. Es geht um Transferierbarkeit der Kernkompetenzen auf neue Produkte, neue Märkte, neue geographi-

184 Vgl. Prahalad / Hamel (1994): Competing for the Future.

185 Vgl. Prahalad / Hamel (1990): The Core Competencies of the Corporation.

186 Vgl. Prahalad / Hamel (1990: 82; zit. v. Mintzberg et al. 1999: 248).

sche Regionen, neue Dienstleistungsangebote. Interne lernbasierte Kompetenzentwicklung kann extern durch Kooperationen, Akquisitionen und Corporate Venturing[187] gefördert werden.[188] Selbstverständlich gehört auch internet-basiertes Lernen zu den Erfolgsfaktoren des 21. Jahrhunderts.

„Eine wichtige Aufgabe für Unternehmen wird zukünftig darin bestehen, wertvolle Wissensquellen rund um die Welt zu identifizieren und Wege zu finden, wie aus diesen Quellen neues Wissen absorbiert werden kann."[189]

Die Welt sei voll von nicht ausgenutzten Technologie- und Wissenspotenzialen, die es wert seien, für Innovationsprozesse genutzt zu werden, stellt Buhmann fest, wobei heute die Wissensproduktion heterogener und auch geographisch flexibler geworden sei. Zu den Wissensproduzenten im virtuellen Lernraum gehören neben Wissenschaft und multinationalen Konzerne auch kleine High-Tech-Firmen und unabhängige Akteure.

„Der neue Modus ist (...) durch heterarchische und zeitlich befristete Organisationsformen bestimmt, die sich mit der Entwicklung der Aufgabenstellung beständig ändern. Die charakteristische Arbeitsform sind wenig institutionalisierte Projektteams, die auseinander gehen, wenn ein Prob-

187 (Kapital-)Beteiligung an Startups und kreativen kleineren Firmen.
188 Vgl. Buhmann (2006: 89-104).
189 Vgl. Buhmann (2006: 4).

lem gelöst oder umdefiniert worden ist."[190]

Die Chance für lernbereite Unternehmen und Organisationen besteht darin, das im virtuellen globalen Lernraum gewonnene Wissen „zusammenzuführen und in vorteilsgenerierende Kompetenzen zu transformieren."[191]

---

190 Bender (2004: 152).
191 Buhmann (2006: 4).

5.8 Die Machtschule - Verhandlungen, Kompromisse, Wettspiele, Politik

Zu den größten Schwachpunkten des Neuen Steuerungsmodells in Kommunen gehört die Ausblendung des politischen und des Macht-Faktors. Dieser politische Faktor kann auch in der Wirtschaft eine entscheidende Rolle spielen – ebenso wie der Macht-Faktor. Ohne Macht ist auch Wirtschaft nicht denkbar. Seit Max Weber wissen wir, welche Bedeutung Macht hat. Sie umfasst die Möglichkeit, „den eigenen Willen auch gegen Widerstreben durchzusetzen"[192]. Quinn und Lindblom haben die beiden Faktoren Macht und Politik in der Lernschule erstmals gewürdigt. Darauf baut die so genannte Machtschule auf.

„Die Schule, die wir als Machtschule bezeichnen, streift die Glacéhandschuhe vollends ab und definiert die Strategieentwicklung als Prozess der unverhüllten Einflussnahme, in dem Macht und Politik eingesetzt werden, um Strategien durchzusetzen, die bestimmten Interessen dienen."[193]

Politik und Macht beeinflussen entscheidend wirtschaftliche Interessen und Strategien. Nicht immer werden dabei legitime Mittel und Instrumente eingesetzt. Selbst die wirtschaftliche Schädigung der Riva-

192 Weber (1972: 281).
193 Mintzberg et al. (1999: 266).

len wird dabei in Kauf genommen. Das zeigt, dass Machtstrategien nicht immer rational sind. Aus solchen Irrationalitäten aber besteht die Realität wirtschaftlichen und politischen Handelns.

„Organisationen bestehen aus Individuen, die Träume, Hoffnungen, Interessen, Ängste haben und eifersüchtig sind."[194]

Die Machtschule geht davon aus, dass Strategiebildung „aus Verhandlungen und Kompromissen zwischen konkurrierenden Personen, Gruppen und Koalitionen entsteht."[195]

Crozier / Friedberg als Protagonisten dieser Machtschule gehen davon aus, dass die Akteure in einem Kollektiv Spiele spielen, deren Regeln nicht genau festgelegt sind und „eine Reihe von möglichen Gewinnstrategien aufzeigen."[196] Diese Machtspiele und Machtkämpfe sind in Wirtschaft, Institutionen und Politik allgegenwärtig. Sie dienen dazu,

„den Menschen ihre Zusammenarbeit in kollektiven Vorhaben zu ermöglichen. Jede ernstzunehmende Analyse kollektiven Handelns muss also Macht in das Zentrum ihrer Überlegungen stellen, denn kollektives Handeln ist im Grunde nichts anderes als alltägliche Politik. Macht ist ihr

194 Mintzberg et al. (1999: 268).
195 Mintzberg et al. (1999: 268-269).
196 Crozier / Friedberg (1993: 12).

'Rohstoff'".[197]

Macht und ihre Nutzung haben nach Crozier / Friedberg viel mit Ungewissheit(en) politischer, ökonomischer, technischer oder sozialer Art zu tun. Die Akteure brauchen dabei kein schlechtes Gewissen zu haben, weil Machtausübung „als schlichte Notwendigkeit zur Erhaltung der Autonomie"[198] bewertet wird. Wer sich seinen individuellen Entscheidungsspielraum bewahren will inklusive der Freiheit, „sich anders zu verhalten, als es von ihm erwartet wird"[199], der ist auf Macht und das „Ausnutzen der Ungewissheitszonen"[200] angewiesen.

„Die Machtbeziehungen in einer Organisation stimmen (...) nie genau mit den in der Formalstruktur festgelegten Autoritätsmustern überein."[201]

So gibt es neben den formalen Strukturen auch informelle Praktiken, die „das Ergebnis von Machtkämpfen"[202] und Einflussverschiebungen sind. Die Formalstruktur ist wichtig als „Spielgrundlage", aber sie ist nicht die Realität. Sie bildet sie auch nur partiell

197 Crozier/Friedberg (1993: 14).
198 Fischer (2004: 90).
199 Fischer (2004: 90).
200 Fischer (2004: 90).
201 Crozier / Friedberg (1993: 127):
202 Fischer (2004: 96).

ab. Tatsächlich werden noch andere Spiele als die offiziell erwünschten gespielt:

„Die Bedeutung der Formalstruktur liegt also vor allem in den Strategien, die durch sie attraktiv werden und mit denen die Akteure versuchen, die kodifizierten Spielregeln für ihre Zwecke einzusetzen, umzufunktionieren, zu unterlaufen oder zu manipulieren."[203]

Diese Mechanismen sind seit Macchiavellis „Principe" bekannt und beschreiben vor allem die Arena der Politik. Sie sind aber nicht auf Politik begrenzt, sondern können auf Unternehmen, Organisationen und Verwaltungen erweitert werden. Bogumil /Schmid sehen den „Kampf um Positionen und Besitzstände, Ressourcen und Karrieren, Einfluss und Macht"[204] als Bestandteil aller Organisationen, weil überall Unsicherheiten zu bewältigen sind, bei denen Autonomie und individuelle oder kollektive Interessen auf dem Spiel stehen.[205] Derzeit scheinen sie besonders aktuell:

„In Zeiten schwieriger Veränderungen, wenn die Macht neu unvermeidlich und auf unvorhersehbare Art und Weise

203 Fischer (2004: 96).

204 Bogumil / Schmid (2001: 101).

205 Dass Bogumil / Schmid gerade das Neue Steuerungsmodell als Beispiel für Machtspiele und die Machtschule sehen, ist ein bisher nicht beachteter Aspekt der Verwaltungsreform, der sehr plausibel erscheint. Dass Macht Veränderungsstrategien (und ihre Verhinderung) bestimmt, dürfte außer Frage stehen.

neu verteilt wird, verwandeln sich ansonsten gesunde Organisationen in politische Arenen. Unter diesen Bedingungen stehen viele Dinge zur Disposition, und die Mitglieder der Organisation geraten in eine Situation ausgeprägter Unsicherheit. All das nährt politische Konflikte, insbesondere in der Strategiegestaltung, wo der Einsatz hoch ist."[206]

Von diesem vorwiegend machtpolitisch determinierten Ansatz mit seiner interessenbezogenen Betrachtung strategischer Ziele[207] ist es nicht weit zum Stakeholder-Ansatz. Welge & Al-Laham fassen dies schlüssig zusammen:

„Interpretiert man die Unternehmung als ein **offenes** *Umwandlungssystem von Ressourcen, dann besteht ihre gesellschaftliche Verantwortung darin, unter Beachtung des Effizienzzieles (Prinzip der Wirtschaftlichkeit) Ressourcen wie Wissen, Arbeit, Kapital und Rohstoffe in verwertbare Leistungen zu transferieren. Die Forderung nach Anpassungsfähigkeit des Systems an die Umwelt bedingt, dass die erbrachten Leistungen den Interessen der Anspruchsgruppen entsprechen, die die Ressourcen bereitstellen. Demzufolge sind die oft konfliktären Interessen der Anspruchsgruppen zu identifizieren, zu gewichten und in den langfristigen Zielkatalog der Unternehmung aufzunehmen."*[208]

Unterschieden werden primäre (marktbezogene)

206 Mintzberg et al. (1999: 273).

207 Vgl. Welge / Al-Laham (2008: 260).

208 Welge / Al-Laham (2008: 262); vgl. auch Crozier / Friedberg (1993: 52); Fischer (2004: 101).

Stakeholder und sekundäre oder „non-market" Stakeholder.[209] Zu den primären Stakeholdern „zählen die Eigen- und Fremdkapitalgeber, die Beschäftigten und Kunden, die Lieferanten sowie die direkten Wettbewerber"[210]. Zu den sekundären Stakeholdern gehören „der Staat und das politische System, die Medien und die vielfältigen Interessenverbände der generellen Öffentlichkeit wie bspw. Bürgerrechtsbewegungen, Umweltschutzbewegungen (bspw. Greenpeace), Aktionärsschutzvereinigungen oder Behindertenverbände"[211].

Das Stakeholder-Konzept ist ein Kontrastprogramm zum Shareholder-Value-Ansatz, der seit Ende der 1990er Jahre in der globalisierten Wirtschaft sehr populär ist. Nach Ansicht von Kritikern führt der extreme Shareholder-Value-Aspekt im Sinne der Eigentümer zu einer einseitigen Ausrichtung der Unternehmen, einer Vernachlässigung sozialer und ethischer Momente und einer „selektiven Informationswahrnehmung und -verarbeitung im Rahmen eines strategischen Managements"[212].

Dagegen erlaubt der Stakeholder-Ansatz eine aus-

209 Vgl. Welge / Al-Laham (2008: 263); vgl. Post et al. (2002: 11).
210 Welge / Al-Laham (2008: 263).
211 Welge / Al-Laham (2008: 264).
212 Welge / Al-Laham (2008: 270).

gewogenere Sicht der Dinge. Freeman empfiehlt folgende Schritte zur Stakeholder-Strategie:

- Analyse des Verhaltens der Stakeholder
- Erklärung des Verhaltens der Stakeholder
- Koalitionsanalyse.[213]

Ergebnis ist eine „kooperative Strategiegestaltung", in deren Mittelpunkt Netzwerke, kollektive Strategien, Joint-Ventures und strategische Partnerschaften stehen.

Welge / Al-Laham weisen darauf hin, dass Macht allein nicht ausreichend sei, um erfolgreichen Wandel zu bewirken. Es gehören auch Promotoren dazu. Der Schluss von Welge / Al-Laham: Wandel kommt erst durch das Zusammenspiel verschiedener Promotoren zustande, die unterschiedliche Rollen spielen[214].

„Die Rolle von Machtpromotoren beruht auf ihrer hierarchischen Macht und besteht vor allem darin, Veränderungsprozesse durch hierarchische Anweisungen in Gang zu setzen und die dafür erforderliche Ressourcen bereit zu stellen."[215]

Die Macht, Veränderungen in Gang zu setzen, habe

213 Vgl. Freeman (1984: 131-135), Mintzberg et al. (1999: 284-285).
214 Vgl. Welge / Al-Lahahm (2008: 924).
215 Welge / Al-Laham (2008: 924-925).

eigentlich nur das Top-Management. Der Chef soll Leader und „Change-Catalyst“[216] sein. Er kann aber auch zum Hemmschuh werden, wenn er sich Veränderungsprozessen verschließt.

„Fachpromotoren bringen als Experten die notwendigen Fachkenntnisse in den Wandelprozess ein.“[217]

Meist handelt es sich dabei um externe Berater oder um Mitarbeiter in Stabsbereichen, die dem Management zuarbeiten. Zu ihrem fachlichen Instrumentarium können „die Beherrschung von Veränderungstechniken (Prozessanalyse, Kreativitätstechniken, gruppendynamische Übungen usw.) und konkretes Fachwissen“[218] gehören. Sie bedienen sich der Kenntnisse der Organisationsmitglieder.

„Prozesspromotoren koordinieren den gesamten Wandelprozess und übernehmen die Rolle des Projektleiters.“[219]

Prozesspromotoren sollten über Fähigkeiten zur Motivation der Mitarbeiter (und des zeitweise möglicherweise zweifelnden) Managements und zur Inspiration[220] verfügen. Ihre Vorgehensweise „basiert auf einer Vielzahl von Instrumenten, wie beispielsweise der Fä-

216 Thom / Ritz (2007: 104).
217 Welge / Al-Laham (2008: 924-925).
218 Thom / Ritz (2007: 105).
219 Welge / Al-Laham (2008: 925).
220 Müller, Axel (2004: 156).

higkeit, Koalitionen bilden zu können, Verhandlungsgeschick, Geheimdiplomatie, Freundlichkeit und einer besonderen Präsentationsgabe für rationale Argumente"[221]. Angesichts dieser großen Relevanz machtpolitischer Elemente in Veränderungsprozessen ist es erstaunlich, dass in zahlreichen Strategieschulen dieser Faktor keine oder nur eine untergeordnete Rolle spielt.

221 Müller, Axel (2004: 156).

5.9 Kultur, Umwelt, Transformation

Weitere Strategieschulen sind die Kulturschule, die Umweltschule und die Konfigurations- und Transformationsschule.

Mintzberg / Ahlstrand / Lampel sehen die Kulturschule als anthropologisches Pendant zur Machtschule. Vielleicht ist die Kulturschule die meist unterschätzte Variante der Strategieschulen. Kultur ist die „gemeinsame Lebenspraxis"[222], die weit reichende Wirkung hat, die „Substanz der Gesellschaft"[223], sie setzt „die Maßstäbe für die Art, wie wir sehen, fühlen, urteilen und handeln"[224] und hat damit eine normsetzende Bedeutung für das menschliche Miteinander.

„Aus anthropologischer Sicht sind wir überall von Kultur umgeben – durch die Getränke, die wir trinken, durch die Musik, die wir hören, durch unsere Kommunikationsformen. Gleichzeitig ist die Kultur das, was die Art und Weise, wie wir all diese Dinge tun, einzigartig macht."[225]

Mit Kultur wird der Handlungsrahmen gezogen, in dem Menschen ihr persönliches Glück suchen. Gleichzeitig liefert Kultur Chiffren, Symbole, Werte, Bilder,

222 Di Fabio (2005: 2).
223 Di Fabio (2005: 1).
224 Di Fabio (2005: 2).
225 Mintzberg et al. (1999: 298).

Geschichte und Geschichten für die Identität des einzelnen und Identifikationsräume für menschliche Gemeinschaften. Je mehr Globalisierung und Internationalisierung voranschreiten, umso wichtiger werden kultureller Rahmen und historische Wurzeln.

„Die Kultur macht mit Sprache, Bildern und Begriffen, mit sozialen Standards des Erlebens und Verhaltens die Welt begreifbar und damit aufeinander bezogenes Sozialverhalten erst möglich. Es geht um vor allem um Lebenssinn, um das, was fast alle für gerecht und richtig, was man für böse oder hässlich hält. Derlei Muster geben uns einen Deutungs- und Handlungsrahmen vor, den wir mit unserem persönlichen Lebensentwurf lediglich ausfüllen."[226]

Was auf den ersten Blick sehr positiv klingt, kann sehr problematisch sein, wie schon die ersten wegweisenden Arbeiten zur Kulturtheorie gezeigt haben[227], weil Kultur auch „alles durchdringt"[228], ohne dass es stets bewusst wird. Die Wirkungen der Unternehmenskultur auf die Strategie sind ambivalent, denn dem starken Zusammenhalt, den kulturelle Konnotationen bieten, steht eine erhebliche Veränderungsresistenz gegenüber. Gerade weil die Organisationskultur auf Überzeugungen, Übereinkünften, Interaktionen, Interpretationen und ungeschriebenen

226 Di Fabio (2005: 2); vgl. Mintzberg et al. (1999: 302)..
227 Vgl. Pettigrew (1985); Barney (1985); Feldman (1986).
228 Mintzberg et al. (1999: 298).

Regeln beruht, weil sie zum „Bewusstsein der Organisation“[229] wird, ist mit Widerstand gegen strategische Veränderungen[230] zu rechnen. Karl Weick schreibt:

> *„Es ist nicht so, dass ein Unternehmen eine Kultur* **hat**. *Ein Unternehmen* **ist** *eine Kultur. Deshalb ist es so furchtbar schwierig, eine Kultur zu verändern.“*[231]

Eric L. Jones nennt dies „kulturelle Schwerbeweglichkeit“[232]. Umso überraschender ist es, dass in der Wirtschafswissenschaft eine Haltung zu erkennen ist, die Jones als „Irrelevanz der Kultur“[233] kritisiert. Sein Befund unterscheidet sich von der Kulturignoranz vieler Ökonomen:

> *„Zwischen Wirtschaft und Kultur besteht eine Wechselseitigkeit, doch diese ist asymmetrisch: die Ökonomie dominiert, wenn sie auch nicht immer jeden anderen möglichen Einfluss erschöpft.“*[234]

Buß geht davon aus, dass Geschichte, Tradition, Kultur und regionale Bezüge in turbulenten Zeiten eine Renaissance erfahren.[235] Dies ist für die Wechselwirkungen von Politik, Wirtschaft und Bevölkerung in regionalen und lokalen Governance-Arrangements

229 Mintzberg et al. (19999: 300).
230 Mintzberg et al. (19999: 300).
231 Weick; zit. nach Mintzberg et al. (1999: 305).
232 Jones (2008: 183).
233 Jones (2008: 4); Jones (1995).
234 Jones (2008: 182).
235 Vgl. Buß (2007: 72).

bedeutsam und deshalb auch für strategisches Management und dessen Entscheidungen relevant. Wenn Menschen „nach vertrauten Identitäten, nach Identifizierungsangeboten, die überdauern, die nicht von wechselnden Zeit- und Modeströmungen hinweggespült werden"[236], suchen, dann wäre es fahrlässig von einem Unternehmen oder einer Organisation, diesen Bedeutungsgewinn des Kulturellen zu missachten.

Für das Management ist es eine Option, eine Strategie zu wählen „die in den kollektiven (nicht notwendigerweise ausdrücklich erklärten) Absichten wurzelt und ihren Ausdruck in den Mustern findet, mit denen die tief verankerten Ressourcen oder Fähigkeiten der Organisation bewahrt und zu ihrem Wettbewerbsvorteil eingesetzt wird."[237]

Ist dies aufgrund von Krisen, Brüchen, Existenzgefährdung nicht möglich, bleibt nur die zweite Option, mit der Kultur der Vergangenheit zu brechen und neue Muster zu etablieren. Dann ist Schumpeters „schöpferische Zerstörung" gefragt.

---

236 Buß (2007: 72):
237 Mintzberg et al. (1999: 302-303).

Eine Weiterentwicklung der Kulturstrategie ist die Verbindung mit der Ressourcenorientierten Theorie. „Beurteilt man ein Unternehmen nach seinen Ressourcen, so gelangt man zu andersartigen unmittelbaren Einsichten, als wenn man es wie üblich nach seinen Produkten beurteilt".[238] Barney hat daraus eine Theorie der Firmen-Ressourcen entwickelt, die auf Werthaltigkeit, Seltenheit, Unnachahmlichkeit und Unersetzbarkeit aufbaut[239], „um nachhaltige Wettbewerbsvorteile zu schaffen"[240].

Zu diesen Ressourcen zählen „materielle Kapitalressourcen (Technologie, Anlagen und Ausrüstung, geographischer Standort, Zugang zu Rohstoffen), Humankapitalressourcen (Ausbildung, Erfahrung, Urteilsvermögen, Intelligenz, Beziehungen usw.) und Organisationskapitalressourcen (formale Systeme und Strukturen sowie informelle Beziehungen zwischen den Gruppen)."[241] Dazu gehören aber auch Patente, Marke(n)[242], Corporate Identity, Image, Verankerung in der Region, Charisma der Organisation oder ihres Leaders und damit kommt die Kultur wieder ins

238 Wernerfelt (1984: 172).
239 Vgl. Barney (1991).
240 Steinle (2005: 252).
241 Mintzberg et al. (1999: 314).
242 Z.B. Coca Cola.

Spiel.[243]

So gesehen ist Kultur eine „Schlüsselressource".[244] Sie ist Schutz und auch Gefahr, denn „[s]elbstverständlich wird die Organisation damit auch verwundbar und kann leicht von einem Unternehmensleiter zerstört werden, der weitreichende Maßnahmen ergreift, ohne deren Auswirkungen auf die Organisation einschätzen zu können."[245]

Die Umweltschule versteht Strategieentwicklung als reaktiven Prozess, bei dem sich Management und Gesamt-Organisation der Umwelt anpassen oder unterordnen. In dieser Theorie wird die Umwelt nicht nur als Faktor, sondern als entscheidender Akteur betrachtet.[246]

„Das Unternehmen wird (...) als passive Einheit angesehen, das seine Zeit damit verbringt, auf die Umwelt zu reagieren."[247]

Globalisierung, Technologischer Wandel, Wertewandel sowie Krisen und andere Herausforderungen von außen bestimmen das Unternehmens- oder Or-

243 Mintzberg et al. (1999: 315).
244 Mintzberg et al. (1999: 315).
245 Mintzberg et al. (1999: 315).
246 Vgl. Kraus (2006: 50).
247 Vgl. Kraus (2006: 50).

ganisationshandeln.

Handlungsspielräume strategischer Art gibt es nach der Umweltschule nicht:

„Das Unternehmenshandeln wird in diesem Ansatz als vollständig durch die Umwelt determiniert gedacht."[248]

Schlüsselwörter sind „Anpassung, Evolution, Kontingenz, Auslese, Komplexität und Nische"[249]. Veränderungen sind im Rahmen seltener Quantensprünge denkbar, ansonsten verlaufen sie fragmentarisch,[250] die Führung der Organisation ist machtlos, die Organisation selbst nachgiebig.[251]

Die Theorie ist deskriptiv. Sie ist damit für Strategieentwicklung im demographischen Wandel ungeeignet. Allenfalls kann sie Hinweise auf mögliche strategische Reaktionen auf institutionellen Druck (Unterwerfung, Kompromiss, Vermeidung, Widerstand oder Manipulation) geben.

248 Stieglitz (2004: 43).
249 Mintzberg et al. (1999: 399).
250 Mintzberg et al. (1999: 401).
251 Vgl. Mintzberg et al. (1999: 401).

Nach der These von Burns / Stalker im Rahmen ihrer Kontingenztheorie ist unter stabilen Umweltbedingungen eine mechanistische Organisationsstruktur und in einer dynamischen Umwelt eine organische, flexible Struktur erfolgreicher.

Das Paradigma vom „freien Willen" aufzugeben, erscheint dagegen inakzeptabel, so modern dies auch angesichts des Darwin-Revivals[252] 2009 klingen mag. Strategiebildung wäre dann sinnlos, die Organisation ein Spielball irgendwelcher (feindlicher?) Umweltkräfte. Es mag sein, dass Organisationen zuweilen so auf Anpassungs- und Veränderungsdruck reagieren. Mit (kommunaler) Selbstverantwortung und Selbstverwaltung aber hat dies nichts mehr zu tun.

Zu den modernsten und innovativsten Denkrichtungen gehört die Konfigurationsschule. Sie bietet eine Synthese der übrigen neun Denkschulen an und ist vielfältig einsetzbar. In den letzten Jahren hat sie sich beachtlich entwickelt. Sie gewinnt in gesellschaftlichen Veränderungsprozessen einen besonderen Charme, da sie auf Konfiguration und Transformation in unterschiedlichen Stadien der Entwicklung

252 Die Populationsökologen orientieren sich am darwinistischen Vorbild von Variation, Selektion und Beibehaltung, Hauptvertreter sind Hannan / Freeman (vgl. Mintzberg et al. 1999:328).

setzt. Beides gehört zusammen. Für Mintzberg et al. sind es zwei Seiten einer Medaille[253].

„Erstens geht es darum, wie sich verschiedene Dimensionen eines Unternehmens unter bestimmten Bedingungen zusammenfügen, um ‚Zustände', ‚Modelle' oder ‚Idealformen' zu bilden."[254]

„Zweitens ist wichtig, wie diese verschiedenen Zustände im Lauf der Zeit aufeinanderfolgen und ‚Stufen', ‚Phasen' und ‚Lebenszyklen' einer Organisation definieren."[255]

Die Konfigurationsschule[256] geht davon aus, dass die Unternehmenswelt und die Umwelt ständig in Bewegung sind. So gibt es für Firmen Phasen relativer Stabilität nach der Phase der Gründung und Entwicklung. In diesen Stabilitätsphasen entwickeln sich Macht- und Organisationsstrukturen, die profitables Handeln auf längere Sicht ermöglichen. Betrachtet man die Entwicklungsgeschichte solcher Organisationen, bleibt es aber nicht bei Entwicklung und Stabilität. Vielmehr gibt es Fortschritte, Anpassungen und gelegentlich auch Zäsuren, die zu organisatorischen „Revolutionen" werden können. Mintzberg hat dies

253 Vgl. Mintzberg et al. (1999: 340).

254 Mintzberg et al. (1999: 341).

255 Mintzberg et al. (1999: 341).

256 Nicht zu verwechseln mit Konfigurationsstrategien im internationalen Unternehmenswettbewerb, die vor allem auf Zentralisierungs- oder Dezentralisierungsaktivitäten zur Organisation von Wertschöpfungsaktivitäten fokussiert (vgl. Kutschker / Schmid 2008: 996).

systematisiert und fünf Phasen destilliert[257]:

- Entwicklung
- Stabilität
- Anpassung
- Neuorientierung
- Revolution.

Die Periodisierung führt schließlich zu einer Untersuchung der Transformationsaktivitäten. Sie werden sowohl als Miller als auch von Pettigrew als Abfolge von Sprüngen dargestellt, nicht als kontinuierliche Prozesse. Mit Blick auf die Biologie und die Evolution erscheint dies realistisch:

„Vielleicht müssen wir uns einfach damit abfinden, dass es – analog zur ‚natürlichen' Entwicklung des Menschen – Zyklen von Erfolg und Misserfolg, Wachstum und Rückgang gibt."[258]

Eines der innovativsten neueren Bücher dazu stammt von David Hurst, der einen „Ökozyklus" aus Wachstum, Bewahrung, kreativer Zerstörung und Erneuerung beschreibt.

Der Ansatz ist auch deshalb zukunftsweisend, weil er nicht ausschließlich auf Wachstum setzt, wie die meisten anderen Strategieschulen, sondern auch Pha-

257 Mintzberg et al. (1999: 349).

258 Mintzbeg / Ahlstrand / Lampel (1999: 357).

sen der Schrumpfung und des Downsizing umfasst, wie sie auch im demographischen Wandel notwendig sein können. Dazu gehören Entlassungen oder der Abbau anderer Ressourcen – und dies nicht nur in Krisenunternehmen, sondern auch in florierenden Konzernen (meist im Interesse des Shareholder-Value).

Die vier Phasen des Ökozyklus lassen sich in acht Managementphasen einteilen, die von Scholz folgendermaßen zusammengefasst werden:

- „Im ***strategischen Management*** (1) erlernen Manager Ursache-Wirkung-Zusammenhänge, durchlaufen Trial-and-Error-Prozesse und richten die Aktivitäten auf lohnende Geschäftsfelder aus.
- Die ***Bewahrung*** (2) erhöht den Umfang erfolgreicher Aktivitäten, spezialisiert sich und strebt so eine Erfolgssteigerung an.
- Eine ***Krise*** (3) zeigt Diskontinuitäten und Instabilitäten bei bisher stabilen Variablen wie Umsatz und Preis, aber auch in Form von Ängsten und Unsicherheiten unter den Organisationsmitgliedern.
- In der anschließenden Phase der ***Verwirrung*** (4) brechen die vorhandenen Formen organisationaler Kontrolle auf.
- Eine ***charismatische Führung*** (5) zeigt basie-

rend auf einem konsistenten Wertesystem eine neue Orientierung für die Organisationsmitglieder auf und forciert eher ein Teilen der den Entscheidungen zugrundeliegenden Grundannahmen als die Vermittlung der Entscheidungslogik selbst.

- Die Bildung eines ***kreativen Netzwerkes*** (6) besteht darin, dass die Organisationsmitglieder einzeln und in Gruppen beginnen, Möglichkeiten und Projekte zu definieren und unternehmerisches Handeln einzuleiten.
- Im Zeitpunkt der ***Wahl*** (7) wird festgelegt, welche Orientierung die organisatorische Einheit anstrebt. Generell ist zu diesem Zeitpunkt wieder die Fähigkeit für die Organisation gegeben, Entscheidungen zu treffen.
- ***Unternehmerisches Handeln*** (8) führt dazu, dass die nun (wieder) beständige Struktur trotz ihrer geringen Größe beobachtbar und klar abgrenzbar wird und der Einheit ein Name gegeben werden kann."[259]

Acht Lebenszyklusphasen identifizierte auch Adizes – dazu gehören fünf Wachstumsphasen und drei Altersphasen, die im Tod der Organisation enden. Scholz fasst sie zusammen und gibt Empfehlungen zum Lösungen existenzbedrohender Probleme:

- Kindphase (spielendes Ausprobieren mit Ide-

259 Scholz (2007: 213-214).

en): „emotionale Unterstützung und intensive rechtliche und finanzielle Beratung von außen"[260]

- Startphase (junge, bewegliche Organisation): „Bilden von Teams, um Bedarf an administrativen Systemen und bürokratischen Regelungen gering zu halten[261]
- Erwachsenenphase (etablierte Organisation): „schrittweise Lösung des Abhängigkeitsverhältnisses von Gründer und Organisation"[262]
- Reifephase (maximal lebensfähige Größe): „keine Hilfe von außen notwendig; Fallen auf Stabilitätsphase durch Dezentralisation verhindern; kleine Satellitenorganisationen bilden, um neue Lebenszyklen zu kreieren"[263]
- Stabilitätsphase (ordnungsbezogene, meist mechanische Organisation): „Redefinition der ‚business-mission': Umweltanalyse zum Erkennen von Bedrohungen und Möglichkeiten; jüngere Mitarbeiter einstellen, um Blickwinkel der Organisationsführung zu erweitern und Altern aufzuhalten"[264]
- Aristokratiephase (statisch-formalistische und meist hierarchische Organisation, nicht das Was, sondern das Wie steht im Mittelpunkt):

260 Scholz (2007: 209).
261 Scholz (2007: 209).
262 Scholz (2007: 209).
263 Scholz (2007: 209).
264 Scholz (2007: 209).

„Besinnung auf Organisationsziele; Zustand der Organisation analysieren; Änderungen in interaktiver Gruppenarbeit festlegen; eventuell Führungswechsel"[265]

- Frühbürokratie (Machtkämpfe, Suche nach Sündenböcken, Klammern an Hierarchien und Formalismen): „Überleben steht im Vordergrund; Notbehandlung durch sofortige Eingriffe, Misstrauen des Managements überwinden"[266]
- Bürokratie und Tod (bürokratisches, unbewegliches Gebilde, die Starken sind von Bord gegangen, geblieben sind die Schwachen): Notbehandlung zum Überleben sichern, „sofortige Zusammenarbeit mit externen Beratern".[267]

Je älter ein Unternehmen wird, um so größer werden die Probleme. Adizes empfiehlt, auf Risiken und Gefahren rechtzeitig und pro-aktiv zu reagieren, sie nach Möglichkeit zu antizipieren.[268]

Hurst empfiehlt sogar, „that managers of mature organizations need to create deliberate crises if they are to preserve their organisations from destruction."[269] In Anlehnung an Hurst schreibt Scholz, dass das Management sich nicht auf Erfolge verlassen

265 Scholz (2007: 209).
266 Scholz (2007: 209).
267 Scholz (2007: 209).
268 Vgl. Scholz (2007: 209).
269 Hurst (2002: 10).

dürfe, sondern auch bereit sein sollte, selbst „Krisen herbeizuführen, bevor die Umwelt diese schafft, die Krise zu kontrollieren, das soziale System wiederzuerwecken und mit einer Vision zu versehen und den organisationalen Kontext neu aufzubauen."[270]

Das ist ein radikaler Bruch mit bisherigen den meisten Management- und Organisationstheorien, die auf Rationalität und Planbarkeit aufbauen, während Hurst auch die allgegenwärtige Möglichkeit einbezieht, dass selbst erfolgreiche, reife Organisationen Krise und Chaos erleben können und dass der einzige Weg des Managements darin liegt, „to destroy the system - creatively – in an act of what I call ‚ethical anachy'"[271]. Wie dies auf staatlicher Ebene aussehen kann, ist nach Machtantritt von Donald Trump in den USA oder nach dem Brexit in Großbritannien zu erkennen, wo Boris Johnson zum großen Zerstörer bisheriger Ordnungen geworden ist. Ob diese brutale Zerstörung von Organisationen und Strukturen Erfolg hat, steht in den Sternen.

In Kommunen und Ländern sorgt zuweilen der Wähler dafür, dass es zu selbst herbeigeführten Krisen kommt, die neue Visionen und neue Organisations-

270 Vgl. Scholz (2007: 214).
271 Hurst (2002: 2).

strukturen ermöglicht. Auch können Politik oder Bürgermeister durch Paradigmenwechsel solche bewusst „ausgelöste Krisen" in der Organisation für Veränderungen nutzen. In Unternehmen sind es fast nur neue Top-Manager, die solche Veränderungen verursachen – wie Jack Welch dies bei General Electric praktizierte und den Konzern zu globalem Erfolg führte.

5.10 Ist Operative Exzellenz die wahre Erfolgsstrategie?

In unterschiedlichen Variationen wird die "Exzellenz-Strategie" von Peters / Waterman („Auf der Suche nach Spitzenleistungen")[272], Bruhn / Meffert („Exzellenz im Dienstleistungsmarketing")[273], Hinterhuber[274] sowie Stahl / Hinterhuber / Bank propagiert, die erfolgreiche KMU als „Hidden Champions"[275] im „Schatten der Großen"[276] beschreiben.

„In Search of Excellence" haben Peters /Waterman Determinanten destilliert, die auch heute noch gültig sind:

- Primat des Handelns
- Nähe zum Kunden
- Freiraum für Unternehmertum
- Produktivität durch Menschen
- Sichtbar gelebtes Wertesystem
- Bindung an das angestammte Geschäft
- Einfacher, flexibler Aufbau
- Straff-lockere Führung"[277]

272 Peters / Waterman (2003).
273 Bruhn / Meffert (2002).
274 Hinterhuber (2004).
275 Stahl / Hinterhuber / Bank (2003: 232).
276 Stahl / Hinterhuber / Bank (2003: 232).
277 Pepels (2005: 166) nach Peters/Waterman (1982: 13-16).

Hinterhuber geht von der Prämisse aus, dass sich die Gewichte verschieben. Zwar werden Effizienz, Produktivität und Innovation nach wie vor eine große Rolle für die Erfolge von Unternehmen spielen. Andere Faktoren gewinnen aber mehr Gewicht, etwa Flexibilität, Schnelligkeit, Früherkennung von Marktsignalen sowie die Antizipation von Kundenwünschen und -bedürfnissen.[278]

„Mit zunehmender Individualisierung und somit Fragmentierung der Nachfrage gewinnt der Begriff der Qualität eine neue Dimension. Die Qualität ist nicht mehr ein intrinsisches Merkmal eines Produktes, sondern wird zu einer ganzheitlichen Beziehung zwischen der Unternehmung und dem Kunden."[279]

Das Unternehmen müsse deshalb Interaktionen mit den Kunden anbahnen. Hinterhubers Erfolgsfaktoren unterscheiden sich von denen, die Peters / Waterman propagieren. So fehlen bei Hinterhuber die Bindung ans angestammte Geschäft und die straff-lockere Führung. Stattdessen setzt Hinterhuber stärker auf die qualitative Kompetente und gemeinsame Interessen zwischen Firma und Stakeholdern. Er nennt als zentrale Erfolgsfaktoren für „Operative Exzellenz"[280]:

---

278 Vgl. Hinterhuber (2004: 15).
279 Hinterhuber (2004: 15).
280 Hinterhuber (2004: 15).

- „die Qualität der Führungskräfte und Mitarbeiter, ihre Einstellung, Motivation und Engagement sowie ihre Fähigkeit und Bereitschaft zum ‚Mannschaftsspiel',
- eine gemeinsame Vision oder ein gemeinsamer Kernauftrag,
- die Zusammenarbeit und nicht die Rivalität oder Konfliktualität,
- der offene Austausch von Informationen,
- das Vertrauen und die gegenseitige Hilfe,
- der Abbau von bürokratischen Strukturen und Abläufen,
- die gemeinsamen Interessen der Unternehmung und der Mitarbeiter, sowie der Lieferanten,
- die Qualität auf allen Verantwortungsebenen und in allen Funktionsbereichen und regionalen Einheiten,
- die Schnelligkeit und Gleichzeitigkeit der Tätigkeiten in der Forschung, Entwicklung, Produktionsüberführung und im Marketing, mit dem Ziel, die Zeit bis zur Einführung eines neuen oder verbesserten Produktes zu verkürzen."[281]

281 Hinterhuber (2004: 18).

5.11 Fit, agil und vital: Eine Strategie für das 21. Jahrhundert?

In einem neueren Ansatz verlangt Scholz[282], Organisationen „als organische Systeme zu interpretieren, die sich evolutorisch verändern und in diesem Prozess zu unterstützen sind"[283]. Scholz kombiniert in diesem Ansatz die strategische, die mechanische, die organische, die kulturelle und die intelligente Organisation in einem multiperspektivischen Ansatz. Diese „münden alle in das Paradigma der vitalen Organisation, also das der lebensfähigen Organisationseinheit"[284], das auch für Kommunen im demographischen Wandel von besonderem Interesse ist. Ebenfalls relativ neu und ähnlich ausgerichtet ist der Ansatz der agilen Organisation.[285] Er ist empirisch, inkrementell und iterativ, um Prognosen zu optimieren und Risiken zu minimieren[286] und kommt aus der Software-Entwicklung. Wenn Individuen und Interaktionen wichtiger als Prozesse und Werkzeuge sind[287], wenn das Produkt wichtiger ist als die Dokumentation der Produktion,

282 In Anlehnung an Ervin Laszlo.
283 Scholz (2007: 36).
284 Scholz (2007: 394).
285 Häusling (2017).
286 Schwaber, Ken / Sutherland, Jeff (2013): Scrum Guide.
287 Schwaber, Ken / Sutherland, Jeff (2013): Scrum Guide.

wenn (anders als im Trumpschen Amerika) Kooperation mit Kunden wichtiger als Deals und Verhandlungen sind, wenn flexibles Reagieren wichtiger als ein fertiger Plan sind, dann ist „Scrum" gefragt. Und Scrum ist die Grundlage agiler Organisationen.

Für Politik und Verwaltung, aber auch für die Bürger könnte diese neue Sichtweise attraktiv sein. Nach Jahren des Ökonomismus, in denen Effizienzsteigerungen, Return-of-Investment-Gesichtspunkte ROI)[288], Renditeberechnungen und kurzfristige Analystenberichte im Vordergrund standen, bietet das neue Paradigma die Chance, die langfristige Existenzsicherung vitaler Systeme ins Visier zu nehmen. Damit wird nicht die Bedeutung von Kennzahlen, Indikatoren, von Benchmarking und Rankings in Frage gestellt. Sie haben allesamt ihre Berechtigung als Instrumente.

Allerdings ist im Zuge der Finanzkrise auch deutlich geworden, dass das Schielen auf kurzfristige Renditen und das Übertreffen (willkürlich?) festgelegter Quartalskennzahlen zu einer Fehlsteuerung von Organisationen, Unternehmen und Institutionen führen und die langfristige Existenz gefährden kann. Bezogen auf Firmen warnen Bergmann / Meurer vor einer Redukti-

288 Zur Problematik u.a. Bergmann / Meurer (2006: 21).

on auf monetäre und sonstige finanzielle Ziele. „Eine Unternehmung, die sich auf finanzielle Ziele konzentriert, verliert den Zuspruch und die Akzeptanz der Stakeholder. Sie handelt sich auf lange Sicht Probleme ein, weil die übervorteilten Stakeholder versuchen werden, ihre Ansprüche später durchzusetzen".[289] Das Unternehmen werde „seiner Legitimität beraubt"[290].

Vitale Unternehmen und Institutionen funktionieren anders. Nach Auswertung von Erfolgsmustern vitaler Unternehmen empfehlen Bergmann / Meurer einen Ansatz, der auf Ganzheitlichkeit, Langfristigkeit, Zukunftsfähigkeit, Innovationskraft, Vertrauen und Wirtschaftlichkeit setzt. Demnach sind vitale Institutionen auch (selbst)lernende Institutionen. Bergmann / Meurer bauen auf der Theorie selbstreferentieller Systeme in Verbindung mit Erkenntnissen der Evolutions- und Komplexitätstheorie auf.[291] Für sie bedeutet Vitalität, „dass sich ein Unternehmen auf Dauer entwickelnd stabilisiert und dabei nicht auf Kosten anderer arbeitet. Die Vitalität der Umfelder wird mit einbezogen, weil jedes soziale System nur in der Koexistenz überlebensfähig ist."[292] Es entspricht

289 Bergmann / Meurer (2006: 3).
290 Bergmann / Meurer (2006: 3).
291 Bergmann / Meurer (2006: 17); vgl. auch Luhmann (1985).
292 Bergmann / Meurer (2006: 3, Fn 5).

Darwins Erkenntnis, dass im Kampf ums Dasein soziale Verbundenheit, Altruismus und Kooperation eine wichtige Rolle spielen. „Spezies, die sich gegenseitig Unterstützung gewähren, verbessern ihre Chance zu überleben."[293]

Zwischen Neurobiologie und Organisationssoziologie lassen sich erstaunliche Parallelen erkennen. Bauer beschreibt systemische biologische[294] Zusammenhänge:

„Eine der Errungenschaften der DNS-Welt war die Entstehung eines Systems von hintereinander geschalteten Genen, die – als kooperierendes Ganzes – ‚Körperpläne' gespeichert (‚kodiert') haben. Die Produkte dieser Gene werden entlang einer räumlich-zeitlichen (spatio-temporalen) Abfolge produziert und sorgen dafür, dass ein Lebewesen mit einem bestimmten Körperbauplan entsteht".[295]

Solche Pläne werden nicht einfach kodifiziert, um für alle Zeiten stabil zu bleiben, sie sind auch veränderbar:

„Genome (das heißt die Gesamtheit der in den Zellen eines Organismus vorhandenen DNS einschließlich aller Gene) sind keine statischen, sondern dynamische Systeme, die ihre eigene ‚Architektur' mittels molekularer Werkzeuge (der Transpositionselemente...) verändern können."[296]

---

293 Bauer (2008: 163).
294 Darauf baute schon Humberto M. Maturana seine systemische Theorie auf.
295 Bauer (2008: 163).
296 Bauer (2008: 163).

Veränderungen können durch „Störungen der kommunikativen Handlungen“[297] erreicht werden. Vitalität durchbricht Rituale und Stereotypien und mischt Organisationen und Institutionen auf, gibt ihnen die Chance, sich neu zu erfinden, neu zu entdecken, neu zu entwickeln. Eine vitale Organisation ist durch Bewegung und Kommunikation geprägt. Veränderungen können schubweise erfolgen. Mit der Bildung neuer „Transpositionselemente“ und ihrer Integration in das System verändert sich das System selbst – auch die Kommunikationskanäle. Veränderungen dieser Art sind meist umwelt-induziert, können aber auch intern provoziert werden, indem – um es mit den Worten der Biologie zu beschreiben – Gene versetzt, verdoppelt oder an anderer Stelle neu eingefügt werden oder indem Transpositionselemente „von der Leine“ gelassen werden. Demnach ist statisches Verhalten unter allen Umständen zu vermeiden. Stattdessen ist dynamische (Trans-)Aktion gefordert. Dabei geht es in Organisationen nicht um planlosen Aktionismus, sondern um gezielte Veränderungen, die aufgrund kommunikativer Signale auf Kundenbedürfnisse und Corporate Governance, auf Partizipation und Evolution aufbaut.

297 Bergmann / Meurer (2006: 17).

Das entspricht ziemlich genau den Empfehlungen Hursts, notfalls im Interesse der Vitalität organisatorische Instabilität und sogar Krisen selbst herbeizuführen, um zu vermeiden, dass Organisationen aus einer Phase der Stabilität in die Phase der Bürokratie und schließlich der Existenzgefährdung geraten. Stattdessen sollen durch gezielte Veränderungen Neuorientierungen und evolutionäre Entwicklung möglich werden.

Neben Vitalität steht auch der Strategische Fit (Strategie-Fit[298]) im Fokus. Mit Fitness hat er nur bedingt zu tun. Jedoch sind Unternehmen und Institutionen, die einem (stimmigen) Strategie-Fit folgen, in der Regel auch gesunde, fitte Unternehmen.

> *„Strategische Stimmigkeit (...) ist nicht identisch mit Harmonie, Konsistenz oder Konfliktfreiheit; sie drückt vielmehr ausschließlich die Kompatibilität von (mindestens) zwei Komponenten vor dem Hintergrund einer konkreten Strategie aus".*[299]

Zu den Stimmigkeitsbereichen gehören die Umwelt samt ihren Akteuren und Stakeholdern, die intendierte Strategie und das System mit seinen Hierarchien, seinen Kommunikationsstrukturen und Verhaltens-

298 Bea/Haas (2004: 16)
299 Scholz (2007: 96-97).

weisen.

Seinen Ausdruck fand der strategische Fit im 7-S-Modell von McKinsey mit den Komponenten:

- Strategy
- Structure
- Systems
- Style
- Staff
- Shared Values
- Skills.[300]

Scholz beschreibt die Inhalte der 7-S:

- „***strategy*** als angestrebtes Aktionsbündel
- ***structure*** als Aufbauorganisation
- ***systems*** als Ablauforganisation
- ***style*** als Führungsverhalten
- ***staff*** als Mitarbeiterstamm
- ***shared values*** als gemeinsames Zielverständnis
- ***skills*** als Fähigkeitspotential der Organisation"[301].

Daraus lässt sich ableiten, dass in Zeiten der Veränderung Aktionsbündel, eine stimmige Aufbau- und Ablauforganisation, kommunikatives Führungsver-

300 Nach Scholz (2007: 130-131); Bea/Haas ersetzen „shared values" durch „subordinate goals" (2004: 17).
301 Scholz (2007: 130-131).

halten, ein kompetenter, aktiver Mitarbeiterstamm, gemeinsame Ziele und gut ausgebildete Fähigkeiten einer Organisation gefragt sind. All dies klingt systematisch und unproblematisch.

Die Wirklichkeit der Wirtschaft, der Gesellschaft und der Politik sieht jedoch anders aus als es 7-S-Modelle idealerweise darstellen. Umwelteinflüsse, unvorhergesehene Ereignisse, neue Trends, Stakeholder-Interventionen, Brüche in der Entwicklung, Wechsel von Mitarbeitern, neue Wettbewerber, Krisen, Finanzierungsprobleme können Organisationen und Institutionen aus den gewohnten Bahnen werfen.

Vitale Organisationen müssen sich ihrer Eigendynamik bewusst sein und „auf Phasen des Wandels einstellen, sie akzeptieren und mögliche auftretende Probleme entweder schon im voraus proaktiv abwenden oder sie reaktiv bewältigen."[302]

302 Scholz (2007: 215).

5.12 Über Kreuz mit Etablierten: die „Alles, außer gewöhnlich“-Strategie

Einen eigenen Weg gehen Förster / Kreuz („Alles, außer gewöhnlich")[303]. Während die klassische Management-Literatur stets wiederholte Mainstream-Lösungen anbietet, versuchen Förster / Kreuz, mit außergewöhnlichen Ideen außergewöhnliche Lösungen zu generieren. Sie bezeichnen Deutschland als „Langweilerrepublik"[304], betrachten den Erfolg von gestern als „Feind von heute und ... Killer von morgen"[305], sehen den Inkrementalismus mit seinen schrittweisen Verbesserungen als „schlimmste[n] Feind der Innovation"[306], widersprechen radikal Peters / Waterman mit ihrem Bekenntnis zur Bindung an das angestammte Geschäft, weil man „Spielfeldwechsel"[307] vornehmen müsse, denn „In der eigenen Branche findet man keine coolen Ideen"[308]. Wer Erfolg haben wolle, müssen die Perspektive wechseln und Ballast abwerfen.

Erfolgreiche Unternehmen und Institutionen benötigten weniger Kontrolle und stattdessen Manager,

303 Förster / Kreuz (2007).
304 Förster / Kreuz (2007: 12).
305 Förster / Kreuz (2007: 17).
306 Förster / Kreuz (2007: 22).
307 Förster / Kreuz (2007: 57).
308 Förster / Kreuz (2007: 45).

die sich als „Befähiger"[309] darauf verstehen, „Risikobereitschaft zu stärken"[310] und Macht abzugeben. Diese Befähiger

> *„wissen, dass Führung bedeutet, Hindernisse aus dem Weg zu räumen und Vorkämpfer für Veränderung zu sein. Einer muss den Mut haben, immer wieder voranzugehen. Er durchbricht Selbstgefälligkeiten. Er stiftet Unruhe. Aber er versteht es auch, den Sinn des Ganzen zu vermitteln."*[311]

Förster & Kreuz verlangen mehr Emotionalität, mehr Mut zu Subjektivität, Individualität, Multi-Channel-Management und Corporate Citizenship.

Überträgt man dies auf Kommunen, kommt dies einem Paradigmenwechsel gleich. Es bedeutet, Bürokratien aufzubrechen und aufzulösen, kreative Unruhe nicht nur zuzulassen, sondern zu stiften. Von Macht-Habern wird verlangt, Macht abzugeben, Gewohntes aufzugeben und „Vorkämpfer für Veränderung zu sein", was traditionellen lokal-politischen Sichtweisen widerspricht und für Verwaltungen einem Kulturbruch gleichkommt. Dennoch erscheint gerade diese Sichtweise Erfolg versprechend.

---

309 Förster / Kreuz (2007: 193).
310 Förster / Kreuz (2007: 193).
311 Förster / Kreuz (2007: 195).

6 NSM und KOMPASS: Warum klassische Wirtschafts-Strategien in Kommunen nur bedingt funktionieren

Es mangelt nicht an Versuchen, Erfahrungen aus dem Strategischen Management der Wirtschaft auf die Kommunen zu übertragen. Der Ansatz des Neuen Steuerungsmodells (NSM)[312], der in der Theorie bemerkenswert schlüssig erschien, ist auf Erkenntnisse des Strategischen Managements der Unternehmen zurückzuführen. Auch alle Weiterentwicklungen von der Übertragung bekannter Management-Modelle über die Konzepte des Schmalenbach-Arbeitskreises New Public Management, die Reformaktivitäten der Bertelsmann Stiftung bis hin zur Balanced Scorecard nach Kaplan / Norton[313] gehen auf Erfahrungen der Betriebswirtschaft zurück.

Um 2000 haben mit Bertelsmann und Schmalenbach zwei Institutionen Konzepte publiziert, die sich intensiv mit strategischem Management in Kommunalverwaltungen befassen und sich vom NSM abgrenzen.

Den Anfang machte Bertelsmann mit dem „Kom-

312 Vgl. KGSt. (1993).
313 Kaplan / Norton (1996a; 1996b).

munalen Projekt zum Aufbau einer strategischen Steuerung" (kompass). Projektziel war es, „Transparenz über die Wirkung kommunalpolitischer Ziele durch ein strategisches Berichtswesen herzustellen, kooperative und beteiligungsorientierte Zielfindungsprozesse vor Ort zu gestalten und die politisch-strategische Steuerungsfähigkeit der Kommunalpolitiker zu ermöglichen".[314]

Im Mittelpunkt der kommunalen Politik sollte „die Gestaltung neuer Kooperations- und Kommunikationsstrukturen sein".

Bei der Bertelsmann Stiftung hatte man zu Projektbeginn 1999 bereits einige Schwächen des NSM erkannt. Die Gravierendste war die Marginalisierung operativer Kommunalpolitik durch das Neue Steuerungsmodell. Dies war zwar im Interesse der (Ober-) Bürgermeister und ihrer Verwaltungen, nicht aber der kommunalen Politik, die sich aus dem Spiel gedrängt sah.

So war auch das NSM eine „hochpolitische" Angelegenheit.[315]

---

314 Bertelsmann Homepage – Kompass-Projekt (2009); http://www.bertelsmann-stiftung.de/cps/rde/xchg/bst/hs.xsl/prj_7721.htm

315 Vgl. Reichard (2001: 84).

Grundsätzlich ist strategisches Handeln und Denken anspruchsvoll und bedeutsam. Aus strategischem Denken und strategischer Planung entsteht das operative Geschäft - so die Grundannahme. Kommunale Politik geht aber von einer ganz anderen Logik aus. Reizvoll ist gerade nicht die strategische Grundlage, sondern das operative Hineinregieren ins Tagesgeschäft. Die Kommunalpolitiker wollen selbst Bürgermeister spielen.

Sprach Reichard[316] 1994 noch davon, dass sich das NSM „wie ein Buschfeuer" vertrete, schreibt der Behörden-Spiegel 2008 kritisch: „Das Buschfeuer ist erloschen - Reformkonzept ‚Neues Steuerungsmodell' weitgehend gescheitert".[317]

Am Beispiel des gut durchdachten NSM der KGSt lässt sich erläutern, warum klassische Wirtschaftsstrategien in Kommunen nur bedingt funktionieren. Bogumil[318] hat dies überzeugend beschrieben.

Zwar sind Hierarchien abgebaut oder abgeflacht und Organisationsstrukturen von der klassischen Behörden-Architektur zu klar strukturierten Fachberei-

316 Reichard, Christoph (1994): Umdenken im Rathaus. Neue Steuerungsmodelle in der deutschen Kommunalverwaltung.

317 Behörden-Spiegel Nr. 3/2008, S.5.

318 Bogumil et al. (2007).

chen mit dezentraler Fach- und Ressourcenverantwortung umgebaut worden. Dies erwies sich aber als kontraproduktiv. Von Frustrationen, höherer Arbeitsbelastung der Mitarbeiter und Reformmüdigkeit ist die Rede. Außerdem wurde die Verwaltungsreform vielfach als Personalabbau wahrgenommen – was sie wohl auch leisten sollte.

Noch gravierender waren die Enttäuschungen im Hinblick auf die Störrigkeit der politischen Gremien, die ihnen zugewiesene Rolle auch wirklich zu spielen. Sie sollten sich auf die Grundsatzentscheidungen und die Strategie konzentrieren (und beschränken), während die Verwaltung als Kontraktpartner das operative Geschäft betreiben sollte.

Genau an dieser Stelle ist das NSM auch gescheitert. Holtkamp[319] schreibt dies auch so deutlich. Es war und ist ein Institutionen-Modell, das aus der Institution entwickelt wurde, um die Institution zu verbessern, effizienter zu machen und damit auch zu stärken. Die Politik hat dies immer als außenstehender Beobachter wahrgenommen und dabei stets kritisch beäugt, ob die Verwaltung mit dem NSM die Machtbalance verändert, was auch beabsichtigt war. Da Politiker

319 Holtkamp (2008c).

seit jeher Lust verspüren, selbst operativ tätig zu werden – deshalb die bundesweit zu dokumentierenden Versuche der Politik, urgewählten Bürgermeistern mit Hilfe von Geschäftsordnungen und Hauptsatzungen im operativen Bereich Fesseln im Vergabebereich und in Personalentscheidungen einzulegen –, können sie keine Interesse daran haben, sich auf eine „Aufsichtsratsfunktion" in der Kommune begrenzen zu lassen. Schließlich wollen sie kommunal selbst verwalten und wie eh und je auch Personalpolitik machen. Parteipolitik in kommunalen Gremien ist ohne die personalpolitischen Komponente kaum denkbar.

An dieser Stelle treffen z.T. unvereinbare Interessen aufeinander. So lange der Gesetzgeber das Problem nicht dadurch löst, dass er urgewählten und damit direkt legitimierten Bürgermeistern Personal- und Vergabekompetenzen garantiert, ist dieses Dilemma nicht aufzulösen.

Während Bürgermeister Interesse daran haben, im Rahmen der Bestenauslese Personal einzustellen und zu beschäftigen, das engagiert und kompetent agiert und bereit ist, Verantwortung zu übernehmen, hat die Politik vielfach Interesse an „versorgender" Personalpolitik für politisch Nahestehende.Das konterkariert die Bemühungen, Kommunen effizient und effektiv zu führen.

Aber auch das KOMPASS-Projekt ist nicht flächendeckend eingeführt oder gar umgesetzt worden, und den Schmalenbach-Ansatz von Eichhorn et al. kennen nur Insider. Von breiter Anwendung in den Kommunen kann keine Rede sein.

7 Fit, agil und vital - ein geeignetes strategisches Ideal für Kommunen?

Was zeichnet eine agile, vitale Organisation aus? Zunächst ist es definitionsgemäß die lebensfähige Organisation, die sich verändert, die sich bewegt, die nicht statisch bleibt, die Überraschungen bietet und flexibel auf neue Herausforderungen reagiert. Eine vitale Organisation ist zwingend auf vitale Mitarbeiter und vitale Mitspieler angewiesen. menschen sind wichtiger als Pläne.[320]

Das gilt in ähnlichem Sinne auch für Kommunen. Die vitale Stadt oder Gemeinde ist lebendig, nicht statisch. Die vitale Kommune ist aber nicht die ruhelose Event-Kommune des Stadt-Marketings, die alles ökonomischem Kalkül und permanenter Inszenierung unterordnet. Matzig warnt sogar davor, die Städte zum „Partykeller der Geschichte"[321] verkommen zu lassen. Stattdessen sieht er als Alternative zu „Konfetti-Konsens und Budenzauber"[322] eine vitale Stadt, die sich auf ihre eigene Geschichte und ihre Traditionen besinnt und sich „als Ort kultureller Differenz"[323]

320 vgl. Schwaber, Ken / Sutherland, Jeff (2013).

321 Matzig, Gerhard (2007b): Event, Event, ein Lichtlein brennt. In: Süddeutsche Zeitung vom 2.11.2007.

322 Matzig, ebda.

323 Matzig, ebda.

versteht und präsentiert.

Viel ist gewonnen, wenn diese vitale Stadt Räume der Begegnung erschließt und eröffnet, die heute noch Brachen sind, wenn sie Kindern und Jugendlichen Freiräume schenkt, in denen sie sich ungestört und im Zweifelsfall auch lautstark entfalten können, wie Andreas Feldtkeller empfohlen hat, der ehemalige Stadtplaner von Tübingen, der sich dafür einsetzt, die Identität von Orten zu wahren oder wiederzuentdecken. Für ihn tragen Altbauten zum Charakter einer Stadt bei – und zu sozialer Ausgewogenheit bei den Mietern. Feldtkeller ist unkonventionell vorgegangen, um in der Tübinger Südstadt ein dichtes „Gewebe aus Wegen und Plätzen, Höfen und Gassen"[324] zu schaffen und damit das nach Ansicht der ZEIT „wagemutigste Städtebauprojekt Deutschlands" zu realisieren. Feldtkeller „versteht die Stadt als Organismus – als ein Wesen, das nur lebt, wenn alle an ihm mitwirken".[325] Feldtkeller hat eine unkonventionelle Beschreibung der „vitalen Stadt" formuliert, die im demographischen Wandel durchaus kontrovers diskutiert werden

---

324 ***Rauterberg, Hanno (1999): Die Reformer (8): Wie Andreas Feldtkeller eine neue Stadt plante, die so lebendig ist wie eine alte.*** In: Die Zeit vom 2. Juni 1999. URL: http://www.zeit.de/1999/23/199923.r-feldtkeller_.xml

325 Rauterberg, Hanno (2000): Bauen - auf die Bürger. In: Die Zeit vom 8.6.2000.

kann:

„Die vitale Stadt ist eine Stadt, in der nicht Ruhe und unbegrenzte Mobilität für die Qualität maßgebend sind, sondern städtischer Umtrieb, Entwicklungsfähigkeit, konsequente Nutzung vorhandener Ressourcen."[326]

In einer vitalen Stadt dürfen deshalb auch Kinder und Jugendliche auf die Straße und dort „ihren eigenen Lärm machen", auch wenn dies als Störung angesehen wird.

Darüber hinaus wird seit längerer Zeit von Architekten empfohlen, „Vergangenheit, Gegenwart und Zukunft als Kontinuum anzusprechen und sie in der Architektur poetisch abzubilden".[327]

Dass die Architektur-Theorie sich nicht immer in adäquate Praxis umsetzen lässt, beschreibt Manderscheid in einer Bestandsaufnahme zur Situation im Französischen Viertel Tübingens. Insbesondere die von Feldtkeller gewollte Lebendigkeit mit Lärm, mit Kneipen und produzierendem Gewerbe in einem nutzungsgemischten Wohnviertel, wird nur von einem Teil der Anwohner goutiert. Was Feldtkeller beschreibt, ist zunächst die gebaute Stadt. Doch das genügt bei weitem nicht für die vitale Stadt. Sie braucht auch leben-

326 Feldtkeller, zit. nach Manderscheid (2004: 314).
327 Schöffel (2003: 225).

dige, unternehmenslustige Kinder und Jugendliche, sie braucht Erwachsene, die Lust haben, auszugehen und sich zu treffen. Sie braucht aktive Vereine, eine funktionierende Nahversorgung, bei der auch kleine Geschäfte und Marktstände noch eine Chance gegen Discounter und Filialisten haben, sie braucht eine vielfältige lokale Kultur, die nicht „eventisiert", sondern authentisch ist. Eine vitale Stadt braucht aber auch eine Verwaltung, die flexibel ist, sich auf Veränderungen einzustellen, die Mut zu unkonventionellen Ideen hat, die auf Partizipation und Kooperation mit den Bürgern hat, und sie braucht Politiker, die das Wohl der Einwohner über Parteiräson und eingefahrene Rituale stellen.

So gehören zum Paradigma der agilen, vitalen Kommune Zukunftsfähigkeit, Innovationskraft, Wirtschaftlichkeit, Bürgernähe, Identität und Authentizität.

Ganzheitlich betrachtet – unter Einbeziehung der Einwohner, der Wirtschaft, der Politik, der Verwaltung, der Kultur, der Vereine – ist die vitale Kommune ein geeignetes strategisches Ziel. Es lohnt sich, dieses Ziel zu verfolgen.

8 Die M-I-T-Komm-Strategie

Auf diesen Grundlagen baut die kommunikationsorientierte, partizipative M-I-T-Komm-Strategie[328] auf. Sie setzt sich aus vier Elementen zusammen. Notwendig sind:

- Motivation und Mobilisierung
- Information
- Teilhabe
- Kommunikation

Die vier Elemente hängen konstitutiv miteinander zusammen. So ist die Mobilisierung zivilgesellschaftlicher Akteure eine Voraussetzung partizipativer Politik. Dies setzt eine Sensibilisierung der Öffentlichkeit voraus, die durch Kommunikation bewirkt wird. Die Herstellung medialer oder unmittelbar-politischer Öffentlichkeit befördert die Motivation und Mobilisierung der Bürger im Interesse zielgerichteter politischer Entscheidungen, soziale und kommunikative Vernetzung auch über das Internet erleichtert die Möglichkeiten des Meinungsaustauschs.[329]

Dramaturgische Handlungen und emotionale Aufladungen können dabei als Katalysator für die Mo-

328 König (2011: 145ff.)

329 Vgl. Wienhöfer / Kastenholz / Geyer (2002).

bilisierung politischer, administrativer und zivilgesellschaftlicher Akteure dienen. Deren Auftrag ist es, Probleme und Zukunftsoptionen in einem deliberativen Diskurs zu erörtern und Lösungsvarianten zu entwickeln, die Identifikation ermöglichen und neue Perspektiven schaffen.

Die M-I-T-Komm-Strategie setzt auf Sensibilisierung und Mobilisierung der Zivilgesellschaft durch Kommunikation.[330] Dazu sind umfassende, aufbereitete Informationen ebenso notwendig wie ausreichende Ressourcen. Die Bürger sollen „mitdenken, mitreden und mitentscheiden können"[331], um so zur „Erhaltung und Entfaltung eines gesellschaftlichen Ganzen"[332] beizutragen. Dabei geht es auch um Identifikation mit dem selbst mitgestalteten Lebensbereich, „Empowerment"[333] von bisher Unbeteiligten, die Übernahme von Verantwortung und die Stärkung der kommunikativen Kompetenz von bisher nicht politisch aktiven Akteuren. Teilhabe auf Augenhöhe mit Verwaltung und Politik im Sinne lokaler Governance stärkt die Motivation der Bürger und kann Sozialkapital freisetzen.

330 A. König (2011: 145)
331 Antz (2006: 472).
332 Gerhardt (2007: 476).
333 Lachenmann (1997: 108).

Private Akteure wirken korporativ und kooperativ an der Formulierung und Implementierung politischer Strategien mit. Die kurzfristige Implementierung von Bürgervorschlägen ist notwendig, um Motivation durch Erfolgserlebnisse über einen längeren Zeitraum zu ermöglichen und Frustrationen weitgehend zu vermeiden.[334]

Die M-I-T-Komm-Strategie mobilisiert im Idealfall die Bürgerschaft, koordiniert politische Handlungen unterschiedlicher Akteure und ermöglicht Transparenz und gesellschaftliche Akzeptanz. Der Abbau von Informationsasymmetrien spielt eine wichtige Rolle. Die Beteiligten müssen Verlässlichkeit, Dialogbereitschaft und -fähigkeit sowie Verantwortungsbereitschaft für das Gemeinwesen garantieren. Mittelfristiges Ziel ist die Selbststeuerung des Systems im Sinne echter kommunaler Selbstverwaltung.

334 A. König (2011: 146)

Strategisch handeln in Kommunen

9 Emergenz und Hierarchie in strategischen Planungen

Strategien erfordern strategische Planungen. Deren Aufgabe ist es, Ziele zu formulieren, Umwelt und Umfeld, Märkte und Konkurrenten, Kundenbedürfnisse und Risiken zu analysieren, die eigene Institution kritisch auf Stärken und Schwächen zu prüfen, auf der Grundlage dieser Analysen und der eigenen Ressourcen eine Strategie zu wählen, diese zu implementieren und schließlich zu kontrollieren. „Dabei geht es um eine hinreichend klare Beschreibung von Problemen und die Suche nach klaren Lösungsansätzen".[335] Das gilt in turbulenten Zeiten in besonderem Maße.

Klassisch sind marktorientierte und ressourcenorientierte Ansätze. Sie „gehen davon aus, dass der strategische Erfolg das Ergebnis rational planbarer Gestaltungsprozesse ist"[336]. Dabei handelt es sich um informationsverarbeitende Prozesse, die mit moderner IT sehr ausgefeilt aufgebaut und dargestellt werden können. Zu den Techniken klassischer strategischer Planung gehören Kennzahlensysteme, Marktanalysen, Branchenuntersuchungen, Kostenanalysen,

335 Th. Ehrmann (2006: 18).
336 Th. Ehrmann (2006: 18).

Prozesskostenrechnungen, Ressourcenanalysen, Stärken-Schwächen-Analysen, Chancen-Risiko-Analysen und vieles mehr.

Die ex-post-ermittelten Ergebnisse dienen dazu, Prognosen für künftige Entwicklungen zu erstellen und darauf die Strategie für künftige Erfolge auszurichten.

Scholz und auch Mintzberg warnen aber davor, Planungen zu sehr auszudifferenzieren. Man müsse emergente Strategien, die oft zufällig und „ohne klare Absichten auftreten"[337], als mögliche Erfolgsrezepte akzeptieren. Auch Strategien, die als Ergebnis partizipativer Prozesse entstehen, sollen und müssen von Führungskräften akzeptiert und im Fall der Erfolgsaussicht ohne jede Eitelkeit auch in die Tat umgesetzt werden.

Es gibt nicht den einen Königsweg[338]. In postmodernen Zeiten müssen auch die (selbst ernannten) Experten ihre „Gott-Vater-Rolle"[339] ablegen.

„Aus Gott-Vater ist ein Moderator von Aushandlungsprozessen geworden".[340]

337 Mintzberg (1991:45); Frey (2008: 229).
338 Vgl. Weidner (2007: 356).
339 Zum Begriff vgl. Siebel (1989: 91f.; 2000: 217); Altrock (2008: 82).
340 Siebel (2000: 217).

Dennoch bleiben die Leader hierarchische Entscheider, trotz aller Partizipationsbemühungen. Siebel fordert sogar eine „Rehierarchisierung der Planung“[341], die top down mit integrierten Entwicklungskonzepten und Leitbildern sowie Verabredungen mit den Akteuren erfolgen soll.

„Die Initiierung und Steuerung der Planungs- und Durchführungsprozesse, der Dialog mit den Beteiligten und Betroffenen, die Akquisition und Verzahnung von Finanzierungs- und Fördermitteln sowie der Ausgleich der unterschiedlichen Interessen und Lasten stellen dabei die wichtigsten übergeordneten Handlungsfelder der Stadtentwicklungsplanung dar.“[342]

Planung solle nach allen Agendaprozessen wieder professionalisiert und hierarchisiert werden. Dazu gehören auch ein strukturiertes Projektmanagement, die Bildung ressortübergreifender Teams sowie Koordinations- und Entscheidungsebenen zur Steuerung des Planungs- und Veränderungsprozesses.[343]

---

341 Siebel (2006: 11).

342 Weidner (2007: 356).

343 Vgl. Weidner (2007: 356).

10 „Bottom-up-Bürger" als strategische Mitgestalter der Stadtentwicklung

Die Uhr soll aber nicht zurückgedreht werden. Denn neben den Top-Down-Prozessen und -Entscheidungen soll es auch Bottom-Up-Prozesse geben:

> *„Die urbane Gesellschaft, als Mitgestalter der Zukunft von Stadt, gewinnt mehr und mehr an Bedeutung. Die Bürger, Großunternehmen ebenso wie Händler, Kulturschaffende und Infrastrukturbetreiber sind aufgefordert, sich Gehör zu verschaffen und Stadtentwicklung aktiv mitzugestalten. Sie werden gebraucht, um die Aufgabenvielfalt in den Städten nachhaltig erfüllen zu können."*[344]

Damit ist strategische Planung nicht nur ein Führungsinstrument, sondern auch eine Chance zur Partizipation[345]. Es geht vor allem darum, Bürger, Beschäftigte, Mitglieder zu motivieren, Intuition, Kreativität oder ihr Urteilsvermögen in die strategische Planung einzubringen, um zur Existenzsicherung von Unternehmen, Institutionen oder auch von Kommunen beizutragen.

Das ist der Weg, den der Planungskritiker Mintzberg geht. Er empfiehlt im Rahmen der „grassroots"-Stra-

344 Weidner (2007: 356).
345 Breitfuss (2008: 222).

tegien unter anderem die „Schirmstrategie"[346], bei der „das Topmanagement weite Richtlinien vor[-gibt]"[347], während die Einzelheiten „den Mitarbeitern weiter unten in der Organisation überlassen"[348] blei-ben. Bei der Prozessstrategie beschränkt sich das Management auf Struktur, Personalfragen und beispielweise die Verfahrensentwicklung, während der Inhalt der Strategien anderen überlassen bleibt[349].

Raschke / Tils empfehlen eine gewisse Offenheit bei der Formulierung politischer Strategien. Es gehe dabei nicht nur um elaborierte Konstrukte, sondern auch um lose, gedankliche Entwürfe, sofern sie auf „wirksame Zielverfolgung"[350] angelegt seien. „Mindestwirkungen liegen nicht zuletzt darin, komplexe Problemstellungen zu strukturieren und zu rationalisieren sowie Orientierungshilfen zur Bewältigung von Komplexität bereitzustellen, die für Handlungsentscheidungen und -ergebnisse einen gemeinsamen Bezugspunkt schaffen.[351]

346 Mintzberg (1991:45).
347 Mintzberg (1991:45).
348 Mintzberg (1991:45).
349 Mintzberg (1991:48).
350 Raschke / Tils (2007: 128).
351 Mintzberg (1991:45).

11 Institutionen verändern sich

Schon die Strukturierung komplexer Problemlagen ist ein eigenständiger Beitrag zur Verbesserung der Situation. Das kann aber nur ein erster, wenn auch wichtiger Schritt sein.

Notwendiger noch ist eine darauf aufbauende Prozessorientierung mit Zeitvorgaben. Selbst wenn diese am Ende nicht eingehalten werden, weil es zu emergenten Prozessen und sozialer Eigendynamik[352] kommt, ist die inhaltliche und zeitliche Strukturierung und Planung hilfreich, weil sie Defizite und Potenziale offenlegt und auf dieser Basis ergebnisorientierte Aktivitäten ermöglicht.

Dazu gehören auch radikale Veränderungen von Produkten, Produktions- und Kommunikationsprozessen, die in Umbruchs- und Krisenzeiten notwendig werden.

Erfolge werden damit wahrscheinlicher als bei rein reaktivem oder situationsgebundenem Handeln. Garantiert sind sie nicht. Vor Illusionen sei gewarnt. Dass strategische Planungen auf dramatische Weise scheitern können, beweisen die Ergebnisse diverser

352 Vgl. Mayntz (1997).

Unternehmensfusionen, die mit großem Ressourcen-Aufwand geplant und realisiert wurden (z.B. DaimlerChrysler). Ohne Risiko sind strategisch geplante Veränderungen also nicht – wie alle Veränderungen.

„Die Orientierung auf eine zunehmend strategischere Planung bedeutet ... auch erhebliche Veränderungen der Organisation des unternehmerischen Managements (Aufstellen der Strategie und deren Controlling, Delegation von Entscheidungen nach unten und außen und entsprechend flachere Entscheidungshierarchien, eine veränderte Haltung der MitarbeiterInnen zu ihrem Verantwortungsbereich, neue Formen der corporate identity nach innen und außen sowie eine entsprechende Personalentwicklung), eingebettet in ein Mehr an Kommunikation und Partizipation, was wiederum eine Professionalisierung der Prozesssteuerung erfordert".[353]

Strategische Planungen sind also keine „Autobahnen ins Glück"[354], sondern Hilfsmittel in der Organisations- und Institutionenentwicklung und im externen Wettbewerb. Gleichzeitig ermöglichen sie regulierte Selbstregulierung[355] und Selbstorganisation[356] – inklusive der Möglichkeit irrationaler, chaotischer oder

353 Dangschat (2008a: 41).
354 Dangschat (2008a: 38ff.)
355 vgl. Fürst (2002).
356 Grundlegend: Jantsch (1979): Selbstorganisation des Universums. Haken (2004): Die Selbstorganisation komplexer Systeme. Kritisch Jansen (2000) im Hinblick auf Technikdiskurse.

nicht vorhersehbarer Entwicklungen und Ergebnisse. Mayntz sieht in Emergenz und unbeabsichtigten Handlungsfolgen ein spannendes Feld und ein zentrales Thema sozialwissenschaftlicher Forschungen. Am Beispiel der US-Amerikaner, die dabei seien, „eine Art von Gesellschaft zu schaffen, die sie so überhaupt nicht wollen"[357], erklärt sie:

> *„Es ist gerade die hier zum Ausdruck kommende Spannung zwischen kollektiver Verursachung oder gesellschaftlicher Eigendynamik einerseits und Steuerungsansprüchen andererseits, die dem Thema der unbeabsichtigten Handlungsfolge seine dauerhafte Faszinationskraft verleiht".*[358]

Eigendynamik, Emergenz und unbeabsichtigte Handlungsfolgen sind keine Gründe gegen strategische Planung. In Sport, Politik und Wirtschaft haben die Akteure den größten Erfolg, die innovativ handeln, neue Ziele setzen, neue Produkte entwickeln, Umsetzung oder Vertrieb strategisch planen und Menschen davon begeistern können. Pep Guardiola und Jürgen Klopp sind ebenso beredte Beispiele dafür wie Steve Jobs (Apple) oder Larry Page und Sergej Brin (Google) in der IT-Branche.

Allen gemeinsam ist neben der strategischen Vorge-

357 Mayntz (1997. 24).
358 Mayntz (1997. 24).

hensweise die Suche nach einer völligen Neuausrichtung einer ganzen Branche und der Mut, charismatisch eine Corporate Identity zu kreieren, die fasziniert[359]. Und sie reagieren flexibel auf neue Herausforderungen, nicht statisch oder gar bürokratisch. Auch diese Flexibilität ist Teil der strategischen Planung. Vor allem übernehmen diese Leader Verantwortung.

359 Peters (2008: 120) spricht vom „Formen" einer Mannschaft: „Teams brauchen eine Handschrift". Die Spieler tragen wesentlich zu dieser „Handschrift" bei.

12 Leadership in der strategischen Entwicklung

In unruhigen Zeiten Orientierung geben[360], Menschen unter dem Schirm einer Idee sammeln und mobilisieren[361], sich der Themen annehmen, die in der Luft liegen (Agenda-Setting), Probleme lösen, Aufbruchstimmung wecken, gegen Konkurrenten antreten, während viele resignieren angesichts drohender Gefahren – das sind Aufgaben, die die Gesellschaft immer häufiger an ihre Eliten stellt. Es sind zwar Anforderungen, die in dieser Fülle unerfüllbar sind. Aber trotz aller Begrenzungen ist es möglich, Organisationen, Institutionen und Gemeinschaften durch Leadership zu verändern.

Es kommt nicht in erster Linie darauf an, (bedingt taugliche) alte Systeme zu verbessern, sondern neue Perspektiven zu eröffnen, neue Freiräume zu schaffen, neue Wege zu gehen, neue Paradigmen zu wählen[362]. Erleichtert wird Leadership durch neue Möglichkeiten der Informations- und Netzwerkgesellschaft. Es wird zunehmend einfacher und praktikabler, Meinungen ohne medialen Gatekeeper zu verbreiten. Blogs und

360 Raschke/Tils (2007: 401).
361 Raschke/Tils (2007: 400).
362 Lies (2003: 281).

Podcasts, Webseiten und Social Networks ermöglichen es, mit bisher Unbekannten in Kontakt zu treten und diese Kontakte zu verstetigen. Damit lassen sich Identitäten besser als bisher selbst konstruieren. Akteure können selbst Imagebildend zu wirken.

Visualisierung, Konzeptualisierung und die Fähigkeit, komplizierte Sachverhalte in Alltagssprache zu übersetzen sind wichtig, um im Netzwerk als kompetent und attraktiv wahrgenommen zu werden. Außerdem spielt das Attraktivitätsparadigma in der Informations- und Netzwerkgesellschaft eine nicht zu unterschätzende Rolle.

Leadership verlangt von Führungspersonen Ideen, die Fähigkeit zur sprachlichen und visuellen Konkretisierung der Ideen, die Fähigkeit zur Prozessorganisation, zum Wissensmanagement und zur kreativen Vernetzung.

Leader sind keine Obersachbearbeiter, sie müssen delegieren können. Was sie allerdings brauchen, sind grundlegende IT- und Internet-Kompetenzen und die Fähigkeit, Informationen zu selektieren, zu analysieren und neu zu strukturieren. Recherchieren können spezialisierte Fachleute.

Der Schlüssel des Erfolgs liegt darin, dieses Wissen in entscheidenden Momenten abrufen und gegebenenfalls neu anordnen zu können.

Opinion-Leadership umfasst Meinungen und Überzeugungen. Entscheidungen müssen kommuniziert und implementiert werden. Außerdem erzeugen erfolgreiche Leader Begeisterung. So wird ein verbindendes Band zwischen Leadern und Team geschaffen, im lokalen Bereich zwischen Gemeindevertretung und Bürgern.

Schenk belegt in einer Studie zur sozialen Netzwerken und Massenmedien, dass Leadership besonders stark mit Items korreliert, „die auf Führung, Überzeugung, Ratgebung hinauslaufen"[363]. Demnach sind persönlichkeitsstarke Menschen, aktive Influencer die klassischen ‚Opinion Leader'.

Leader sind wichtig als Prozesspromotoren. Sie müssen über „Fähigkeiten zur Inspiration und Stimulierung"[364] verfügen. Genau das ist gefragt.

Ihre Vorgehensweise „basiert auf einer Vielzahl von Instrumenten, wie beispielsweise der Fähigkeit, Koalitionen bilden zu können, Verhandlungsgeschick, Ge-

363 Schenk (1995: 176).
364 Müller, Axel (2004: 156).

heimdiplomatie, Freundlichkeit und einer besonderen Präsentationsgabe für rationale Argumente"[365].

Damit lassen sich wichtige Voraussetzungen für Leadership im vernetzten lokalen Bereich nennen: Gefragt sind demnach persönlichkeitsstarke, sozial und kommunikativ engagierte Meinungsführer, die „aktiv in die Alltagskommunikation eingreifen"[366], die ihre Region, ihre Gemeinde und die politischen Strukturen kennen, die Überzeugungen haben, die aber auch Ratgeber-Funktionen wahrnehmen.

Wandel braucht Leadership", schreibt Dörr[367].

Kaum einer hat den Zusammenhang zwischen Leadership, Politik und offensiver Veränderung auf eine solch prägnante Formel gebracht wie Barack Obama mit seinem Claim: „Yes, we can change. Yes we can." Und er konkretisierte dies mit den Worten: „This election is about the past vs. the future". Damit stellte er unmittelbar den Zusammenhang zwischen Grundsatzentscheidungen, Wahlerfolg und Changekompetenz her. Andererseits haben Donald Trump („make America great again!") und Boris Johnson mit ihrer unkonventionellen und rücksichtslosen Art von Leadership

365 Müller, Axel (2004: 156).
366 Schenk (1995: 177).
367 Dörr (2007).

die negativen Seiten charismatischer Leadership unter Beweis gestellt. Ihre Art von destruktivem Changemanagement (inklusive der Trumpschen Change-Inkompetenz) hat die Welt verändert.

Mit Ausnahme von Krummaker und Geiger gibt es in der deutschsprachigen Literatur und in den einschlägigen Bibliotheken und Datenbanken praktisch keine Hinweise auf die Bedeutung von Changebereitschaft.

Zu den Inhalten der Changebereitschaft zählt Krummaker[368]:

- „Infragestellung des Status Quo
- Veränderungsdrang
- Kein Verharren in „Comfort Zones"
- Engagement gegenüber Wandlungsvorhaben
- Zielorientierung
- Entschlossenheit".

Unter den Inhalten der Changefähigkeit werden

368 Krummaker (2006: 71).

subsumiert[369]:

- „Durchsetzungsvermögen
- Entscheidungsfähigkeit
- Überzeugungsfähigkeit
- Mikropolitikmanagement
- Timing und Portionierung von Wandlungsaufgaben
- Visionskraft
- Kommunikationsfähigkeit
- Befähigung zum „Leading by Example".“

Geiger unterscheidet drei Komponenten der Changekompetenz:

- **„Diagnose-Kompetenz,** d.h. die Fähigkeit, die externen und internen Bedingungen zu beobachten und zu beurteilen;
- **Entscheidungs-Kompetenz**, d.h. die Fähigkeit und die Befugnis, zu entscheiden, wo und wann Stabilität, evolutionäre Entwicklung oder Transformation die Zukunftsfähigkeit erhält;
- **Change-Management-Kompetenz**, d.h. die Fähigkeit, organisationale Veränderungsprozesse zu gestalten.“[370]

369 Krummaker (2006: 71).

370 Geiger (2006: 228).

Krummakers Konzept ist umfassender und beinhaltet mit Mikropolitikmanagement, Kommunikationsfähigkeit sowie der Befähigung zum „Leading by Example" wichtige Elemente, die auch in der Kommunalpolitik der Zukunft gefragt sind. Eine weitere wichtige Kompetenz ist Kommunikationsfähigkeit. Sie dient vor allem dazu, Botschaften nach innen und außen zu vermitteln.

Im Sport und in der Politik sind die Bedeutung der Kommunikation und der Kommunikationsfähigkeit längst erkannt und in die Tat umgesetzt.

So schreibt Peters:

„Kommunikation ist nicht eine wichtige Fähigkeit, die man als Führungspersönlichkeit entwickeln muss, Kommunizieren ist die entscheidende Grundlage für jede Führungsaufgabe".[371]

Für den fünffachen Hockeyweltmeister ist Kommunikation der Schlüssel zum Erfolg für jeden Leader: „Gute Kommunikation kann Berge versetzen, Spiele drehen ebenso wie Stimmungen, gute Kommunikation kann Höchstleistungen provozieren, schlechte Kommunikation kann aus Favoriten in kurzer Zeit Ver-

371 Peters (2008: 39).

lierer machen".[372]

Das Fazit des Hockey-Leaders, Teamformers und Weltmeisters:

„Ohne Kommunikation, das kann ich nach 20 extrem kommunikativen Trainerjahren sicher sagen, ohne Kommunikation ist alles nichts."[373]

Die Politik kann von den Erfahrungen des Spitzensports viel lernen. Dort ist durch die extreme Wettbewerbsorientierung, die Publikumsnähe und die starke Medienpräsenz seit Jahrzehnten erkennbar, welche Teams und welche Einzelkämpfer die besten Erfolgschancen haben und welche Rolle Leadership in diesem Zusammenhang spielt. Dabei können sowohl Aktive als auch Trainer Leader sein.

Peters nennt wichtige Voraussetzungen für Leadership in Teams (Peters 2008: 5-7):

- Kommunizieren („Information entsteht beim Empfänger")
- Motivieren („Führung muss bewegen")
- Emotionalisieren („Gefühle fördern mit Gefühl")
- Analysieren („Keine Maßnahme ohne Grund")
- Planen („Flexibel sein durch Akribie")

372 Peters (2008: 39).
373 Peters (2008: 39-40).

- Verändern („Erfolg fordert den nächsten Schritt")
- Formen („Teams brauchen eine Handschrift")
- Begleiten („Verantwortung weist den Weg")
- Differenzieren („Individuell statt gleich")
- Vertrauen („Durch Nähe zum Erfolg")
- Entscheiden („Wer auswählt, verletzt").
- Sich selbst vertrauen („Nur wer sicher ist, kann Sicherheit geben")
- Leben lernen („Als Weltmeister in der Provinz").

Die Bedeutung der Kommunikation hat man auch im Marketingmanagement erkannt, wo Kommunikationspolitik ein wesentlicher Teil des strategischen Managements geworden ist.[374]

Politische Kommunikation ist vor allem dann erfolgreich, wenn sie bidirektional ist – wenn Führungspersonen auch zuhören können, wenn sie Argumente ernst nehmen, wenn sie Gesprächspartnern und Wählern vermitteln können, dass deren Motive und Anliegen wichtig sind und umgesetzt werden sollen. Deshalb gehören neben de Sachebene auch die Selbstoffenbarungsebene, die Beziehungsebene und die Appellebene zu einer gelingenden Kommunikation (Peters 2008).

374 Homburg/Krohmer (2006).

Leadership erfordert Kompetenz in unterschiedlichsten Bereichen. Das Anforderungsprofil ist sehr komplex.

Verlangt werden:

- Methodenkompetenz
- Medienkompetenz
- Kommunikationskompetenz
- Sprachkompetenz
- Visualisierungskompetenz
- Reflexionskompetenz
- Sozialkompetenz
- Planungskompetenz
- Emotionale Kompetenz
- Teamkompetenz

Vernetzung in der politischen, gesellschaftlichen oder sportlichen Arena ist ein Schlüssel des Erfolgs. Leader müssen bereit sein, die besten Köpfe um sich zu scharen, die besten Methoden zu testen und sich dabei fortzubilden. Das wird belegt durch die Promotorenforschung, die festgestellt hat, dass die Unipersonalität der Promotoren schon seit längerer Zeit von einer Multipersonalität abgelöst wird. Promotoren unterschiedlicher Provenienz, unterschiedlicher

Fachkompetenz und unterschiedlicher Temperamente ergänzen sich (wie Bergsteigergruppen) zu einem vernetzten Team, in dem sich die besten Führungspersönlichkeiten für ein Projekt oder eine begrenzte Zeit zusammenschließen, um in einer konzertierten Aktion Erfolge zu erringen.

13 Mit strategischer Entwicklungsplanung zur vitalen Organisation

Eine vitale Organisation ist durch Bewegung geprägt. Aber steht dies nicht im Gegensatz zu Planung, die Emergenz und Komplexität reduziert und dadurch gerade die Vitalität einschränkt? Die Gefahr ist nicht von der Hand zu weisen, aber sie kann gebannt werden.

Voraussetzung ist die bewusste Ausrichtung der Entwicklungsplanung auf Evolution, wie Laszlo[375] dies empfohlen hat. „Der Mensch ist dabei weniger der bewusste und mechanische Gestalter, er ist vielmehr der unbewusst und auch durch symbolische Sinnsysteme Handelnde, der gleichzeitig in einem evolutorischen Sog mitgezogen wird"[376] – wenn er sich darauf einlässt. Dabei muss auch Emergenz zugelassen werden.

Es ist eine aktive, konstruktive Perspektive im Sinne des Sportausrüsters Nike und seines Mottos „Just do it".[377] Dabei geht es nicht um planlosen Aktionismus, sondern um gezielte Veränderungen mit einem „Primat des Handelns"[378]. Dieser Primat des Handelns ist

375 Vgl. Laszlo/Laszlo/v. Liechtenstein (1992).
376 Scholz (2007: 34).
377 Vgl. Scholz (2007: 62).
378 Peters/Waterman (1982).

einer von acht Erfolgsfaktoren für Management-Spitzenleistungen bei Peters und Waterman.

„In Search of Excellence" haben sie entsprechende Determinanten destilliert, die auch heute noch gültig sind:

- „Primat des Handelns
- Nähe zum Kunden
- Freiraum für Unternehmertum
- Produktivität durch Mitarbeiter
- Sichtbar-gelebtes Wertesystem
- Bindung an das angestammte Geschäft
- Straff-lockere Führung
- Einfach-flexibler Organisationsaufbau."[379]

In einer Weiterentwicklung von Peters/Waterman plädieren Collins/Porras[380] unter anderem dafür, nicht den Profit in den Mittelpunkt des Interesses zu stellen, sondern die Unternehmensidee mit ihren Werten, die mit der Zeit evolutionär verändert[381] und mutig weiterentwickelt wird. Dabei wird Mehrwert geschaffen. „Make the company itself the ultimate product – be a clock builder, not a time teller"[382], fordert Collins. Das

379 Pepels (2005: 166) nach Peters/Waterman (1982: 13-16).

380 Collins/Porras (1994).

381 Vgl. auch Kirsch/Esser/Gabele (1979).

382 Collins (1995): http://www.jimcollins.com/article_topics/articles/building-companies.html

gute Produkt ist irgendwann überholt – entscheidend ist dann, ob die Organisation, die Institution dann zur Marke geworden ist, die Menschen an sich und ihre Dienstleistungen und Produkte binden kann. Das Unternehmen oder die Organisation muss in der Lage sein, stets von neuem Produkte oder Ideen auf den Markt zu bringen, die Erfolg haben. Das setzt Mut zur Entwicklung und Veränderung voraus. Wer statisch bleibt und ängstlich darauf bedacht ist, seinen Vorteil zu sichern, wird scheitern.

Bei der evolutionären Entwicklung des Unternehmens sind auch ungewöhnliche Methoden erlaubt. Geradezu darwinistisch inspiriert wird empfohlen, durch Variation und Selektion neue Erfolgsmuster zu entwickeln.[383] Es geht nicht um „entweder/oder"-Entscheidungen, sondern um „sowohl-als-auch"-Möglichkeiten: „No tyranny of the or"[384], sagt Collins. „Embrace ‚the genius of the and'".[385]

Wie bei Peters/Waterman steht die Produktivität und Kreativität der Mitarbeiter im Fokus. Als Weg zum Erfolg empfiehlt Collins, „to create an environment that encourages people to experiment and learn – to

383 Vgl. Scholz (2007: 66).
384 Collins (1995).
385 Collins (1995).

try a lot of stuff and keep what works"[386].

Damit wird aber auch deutlich, dass nicht alles, was in partizipativen Prozessen entwickelt wird, auch umgesetzt werden kann. Wenn Ideen nicht zum Kern der Organisation oder zur Entwicklung passen, bleiben sie außen vor. Die Organisation aber muss in Bewegung bleiben – durch hoch gesteckt Ziele (BHAGs[387]), ständige Verbesserungen, Innovationsfreudigkeit und Lernkultur. Seine Kernbotschaft: „Preserve the core ***and*** stimulate progress."[388]

Das allein reicht aber nicht. Man muss Kundenwünsche kennen und Stakeholder-Interessen identifizieren, weil Stakeholder möglicherweise Macht und Einfluss geltend machen können, um Entwicklungen, Veränderungen oder Projekte zu verhindern oder zu erschweren.[389]

Voraussetzung für erfolgreiches Handeln ist darüber hinaus die Stimmigkeit des strategischen Ansatzes (Strategie-Fit[390]). „Strategische Stimmigkeit (...) ist ***nicht*** identisch mit Harmonie, Konsistenz oder

---

386 Collins (1995).
387 Abk. für Big Hairy Audacious Goals.
388 Collins (1995).
389 vgl. Scholz (2007: 71).
390 Bea/Haas (2004: 16)

Konfliktfreiheit; sie drückt vielmehr ausschließlich die Kompatibilität von (mindestens) zwei Komponenten vor dem Hintergrund einer konkreten Strategie aus".[391] Zu den Stimmigkeitsbereichen gehören die Umwelt samt ihren Akteuren und Stakeholdern, die intendierte Strategie und das System mit seinen Hierarchien, seinen Kommunikationsstrukturen und Verhaltensweisen.

Seinen Ausdruck fand der strategische Fit im 7-S-Modell von McKinsey mit den Komponenten:

- Strategy
- Structure
- Systems
- Style
- Staff
- Shared Values
- Skills.[392]

Hungenberg übersetzte die 7-S von McKinsey:

- Strategie
- Struktur
- Systeme

391 Scholz (2007: 96-97).
392 Nach Scholz (2007: 130-131); Bea/Haas ersetzen „shared values" durch „subordinate goals" (2004: 17).

- Stil
- Stammpersonal
- Selbstverständnis
- Spezialkenntnisse.[393]

Scholz beschreibt die Inhalte der 7-S:

- „***strategy*** als angestrebtes Aktionsbündel
- ***structure*** als Aufbauorganisation
- ***systems*** als Ablauforganisation
- ***style*** als Führungsverhalten
- ***staff*** als Mitarbeiterstamm
- ***shared values*** als gemeinsames Zielverständnis
- ***skills*** als Fähigkeitspotential der Organisation"[394].

Daraus lässt sich ableiten, dass in Zeiten der Veränderung Aktionsbündel, eine stimmige Aufbau- und Ablauforganisation, kommunikatives Führungsverhalten, ein kompetenter, aktiver Mitarbeiterstamm, gemeinsame Ziele und gut ausgebildete Fähigkeiten einer Organisation gefragt sind. All dies klingt systematisch und unproblematisch. Realiter gibt es ja eine Vielzahl von Unternehmen und sicherlich auch von

393 Hungenberg (2004: 55).
394 Scholz (2007: 130-131).

Kommunen, die diesem Ideal nahe kommen und die dennoch in Schwierigkeiten stecken.

Die Wirklichkeit der Wirtschaft, der Gesellschaft und der Politik sieht anders aus als es 7-S-Modelle idealerweise darstellen. Umwelteinflüsse, unvorhergesehene Ereignisse, neue Trends, Stakeholder-Interventionen, Brüche in der Entwicklung, Wechsel von Mitarbeitern, neue Wettbewerber, Krisen, Finanzierungsprobleme können Organisationen und Institutionen aus den gewohnten Bahnen werfen.

Adizes[395] hat vor diesem Hintergrund ein differenziertes Modell entwickelt, das Wachstumsphasen und Altersphasen von Organisationen unterscheidet, das man auch auf politische Systeme und auf Kommunen übertragen kann. Kritisch wird es, wenn die Organisation aus der Wachstums- und der Stabilitätsphase in die Altersphasen eintritt.

Scholz beschreibt sie folgendermaßen:

- „In der ***Aristokratiephase*** (‚aristocracy') lässt die Ergebnisorientierung nach. Nicht das ***Was***, sondern das ***Wie*** des Handelns tritt in den Vordergrund. Wer sich still verhält, hat die besten Chancen.

395 Adizes (1981; 1990).

- In der Phase der ***Frühbürokratie*** (‚early bureaucracy') beginnt die interne Suche nach einem Sündenbock für die schlechte Lage der Organisation. Interne Machtkämpfe beschleunigen den Untergang der Organisation.
- In der ***Bürokratiephase*** (‚bureaucracy') läuft die Organisation nur noch vor sich hin. Es wird nichts mehr bewegt. Formulare, Regeln und Routine dominieren das Geschehen.
- Beginnt die ***Phase des Todes*** (‚death'), haben alle Starken die Organisation bereits verlassen. Zurückgeblieben sind die Schwachen, die keine andere Wahl hatten." [396]

Das klingt hoffnungslos – sofern das Management keine Gegenstrategie zum Überleben hat und auf Notbehandlungen und sofortige gezielte Eingriffe verzichtet. Die aber sind selbst in schwierigen Phasen (noch) möglich.

Hurst[397] sieht Phasen des Wachstums, der Bewahrung, der Zerstörung und der Erneuerung als einen normalen ökologischen Zyklus. Aufgabe des Managers oder Leaders ist es, mit diesen Phasen umzugehen, auch wenn dabei Emergenz, Irrationalität und Verwirrung auftreten. Er setzt auf einen Manager „who is sometimes rational, sometimes constrained,

396 Scholz (2007: 207-208).
397 Hurst (1995).

often confused, but never powerless – a manager who has a profound sense of the natural cycles of creation and destruction that all living systems must undergo."[398] Aus den Lebenszyklus-Phasen entwickelt Hurst acht Managementphasen – beginnend beim strategischen Management über die Bewahrung, die Krise, die Verwirrung, die Erneuerung durch charismatische Führung, die Bildung eines kreatives Netzwerks, die (erneute) Wahl der Organisationsform für künftige Aktivitäten und schließlich (wieder) unternehmerisches Handeln.

Vitale Organisationen müssen sich ihrer Eigendynamik bewusst sein und „auf Phasen des Wandels einstellen, sie akzeptieren und mögliche auftretende Probleme entweder schon im voraus proaktiv abwenden oder sie reaktiv bewältigen."[399]

Eine beliebte Methode in Unternehmen und Institutionen ist es, in Krisen Organisationsstrukturen zu verändern. Doch dabei ist Vorsicht geboten. „Die formalen Bezugsrahmen dürfen (...) nicht originär das organisationale Denken und Handeln determinieren".[400]

398 Hurst (1995: 169).
399 Scholz (2007: 215).
400 Scholz (2007: 153).

Damit ist noch nichts gewonnen. Bürokratisches Handeln, Formalismus und Routinen sind auch bei organisatorischer Erneuerung wahrscheinlich, wenn es nicht dazu kommt, Mitarbeiter und Partizipanten zu kreativer inhaltlicher Erneuerung von Prozessen und Produkten zu bewegen.

Ziel ist deshalb die vitale, agile, „organische Organisation"[401] als lebendes System mit lebenden Menschen, nicht als „Uhrwerk oder gut geölte Maschine", wie es bestimmte Managementschulen praktizieren. Beer bringt dies auf die griffige Formel: "The firm is something organic, which intends to survive".[402]

Neben gesteuerter Evolution, der Bewältigung komplexer Umweltaufgaben und der Fähigkeit zur Selbstorganisation wird empfohlen, kleine autonome Handlungseinheiten aufzubauen, „die informell miteinander kommunizieren und auf Impulse aus dem Umfeld (...) reagieren"[403].

Es sind kleine Einheiten, die Variationsmöglichkeiten im eigenen organisatorischen Handlungsbereich erweitern können, um Entscheidungsspielräume zu

401 Scholz (2007: 184).
402 Beer (1972: 99).
403 Scholz (2007: 224).

gewinnen und eine Organisationsform aufzubauen, die als „heterarchische Hierarchie"[404] bezeichnet wird.

Die Heterarchie ist das Gegenmodell zur Hierarchie und spielt bei der „Suche nach alternativen Modellen zur Bürokratie"[405] eine wichtige Rolle. Die heterarchische Organisationslogik „beruht auf der Idee einer vielgliedrig organisierten, pluralistischen Willensbildung, die der Unbeweglichkeit und unverhältnismäßigen Machtkonzentration autoritärer Systeme ein Modell entgegensetzen möchte, das die kreative Vielfalt eines begrenzten Konfliktes zwischen rivalisierenden Akteuren organisiert."[406] Es handelt sich im Kern um ein Verhandlungssystem, das dem Weisungsprinzip der Hierarchie entgegensteht. Ein Übergang von der Hierarchie zur Heterarchie ist ein Paradigmenwechsel.

„Das Verhandlungsprinzip verleiht den einzelnen Entscheidungsträgern größere Entscheidungsautonomie, da sie im Gegensatz zur Hierarchie in einem wechselseitigen und nicht einseitigen Abhängigkeitsverhältnis stehen. Sie sind keine Befehlsempfänger oder reine Informationslieferanten für eine Zentrale, sondern sie werden vielmehr an einem kooperativen Entscheidungsprozess beteiligt. Die Heterachie ist deshalb im Extremfall streng demokratisch organisiert, denn sie gewährleistet eine folgenreiche Beteiligung ihrer

---

404 Blecker/Kaluza (2004).
405 Reihlen (1998: 3).
406 Reihlen (1998: 7).

Mitglieder an der Willensbildung und Entscheidungsfindung."[407]

Grundsätzlich ist die Heterarchie deshalb für partizipative Entwicklungsplanungen und -prozesse sehr gut geeignet, wie Reihlen feststellt. Als Erfolgskriterien sieht er „Transparenz der Entscheidungsfindung, Zugänglichkeit von Informationsquellen und faire Konfliktregelungsmechanismen."[408] Die Heterarchie „zeichnet sich durch ein grundsätzlich ***offenes Kommunikations- und partizipatives Entscheidungssystem*** aus".[409]

Das ist genau das, was in einer vitalen Organisation zum Zeitpunkt der Krise verlangt wird: Selbstorganisation, kleine autonome Einheiten, begrenzte Autonomie, Impulsgebung ohne Abhängigkeiten, Nähe zum Kunden oder zum Bürger, Primat des Handelns außerhalb der üblichen Pfade, Mut zu Varietät und neuen Lösungen.

Allerdings haben auch Heterachien Grenzen. Wenn Entscheidungsfindungen wegen der großen Zahl unabhängiger Entscheidungträger faktisch nicht mehr

407 Reihlen (1998: 8).
408 Reihlen (1998: 8).
409 Reihlen (1998: 8).

möglich oder auch „ökonomisch nicht praktikabel"[410] sind und das „Problem der großen Zahl"[411] heterarchische Systeme blockiert, müssen „Heterarchien (..) deshalb die Möglichkeit berücksichtigen, temporäre Hierarchien auszubilden".[412] Heterarchien kommen in postmodernen und postbürokratischen Gesellschaften also „nicht ohne ein Mindestmaß an Hierarchie"[413] aus.

Für die vitale, agile, strategische Organisation bedeutet die Einführung des Prinzips der heterarchischen Hierarchie: „Formale Hierarchien schaffen Rahmenbedingungen. Innerhalb dieser Rahmenbedingungen greifen heterarchische Strukturen, wenn die Problemsituation Flexibilität und autonomes Handeln erfordert."[414] Damit lösen sich „starre Über- und Unterordnungsbeziehungen zugunsten von situativen Kompetenzregelungen"[415] auf. Verwaltung und Politik sind bisher in den seltensten Fällen darauf eingestellt. Sie leben geradez von Hierarchien und Machtgefälle. Das ist eine große Herausforderung für alle Beteiligten.

410 Reihlen (1998: 9).
411 Vgl. Scharpf (1996: 507); Dinter (2001: 42).
412 Reihlen (1998: 9).
413 Reihlen (1998: 20).
414 Scholz (2007: 203).
415 Scholz (2007: 203).

14 Strategische Entwicklungsplanung in Kommunen

Wenn strategische oder strategieorientierte Planung in Wirtschaft und im Sport solche Erfolge bewirkt, sollte sie auch im kommunalpolitischen Raum von Bedeutung sein. Im angelsächsischen Raum ist das Thema auch schon seit Mitte der 1990er Jahre etabliert. So sprach Healey bereits 1997 von einem „Revival of Strategic Spatial in Europe".[416] In Deutschland dauerte es dagegen deutlich länger, bis sich die Planungstheorie und die Politikwissenschaft damit auseinandersetzten. Die Zurückhaltung in Deutschland kann damit zusammenhängen, dass (kommunale oder regionale) Entwicklungsplanungen allzu oft hinter ihrem Anspruch zurückblieben, in Schubladen verschwanden, nachdem bei der Umsetzung Hürden aufgetaucht waren und lokal für Frustrationen sorgten.

„Erst die weltweite Einführung des Prinzips der nachhaltigen Entwicklung führt nach und nach auch zu einem Bewirtschaftungsdenken von - allgemein knapper werdenden - Ressourcen in der räumlichen Planung, Leitbildorientierungen, wie sie in Städtebau und Raumordnung in früheren Jahrzehnten bereits zum planerischen Standardrepertoire gehören, werden wieder gesellschaftsfähig, allerdings weniger als Ausdruck städtebaulicher Grundhaltung oder als

416 Healey, Patsy (1997): Revival of Strategic Spatial in Europe.

Gesamtheit gesellschaftlicher Oberziele, sondern mehr als programmatische Bezugspunkte fachlicher Auseinandersetzung."[417]

Die internationale Konferenz „Ohne Leitbild?" sorgte schließlich für einen Paradigmenwechsel bei Planern und in Verwaltungen[418]. Damit hat strategische ***kommunale*** Entwicklungsplanung in Zeiten der Krise wieder Konjunktur[419], nachdem sie mehrere Jahrzehnte ein Schattendasein führte[420].

Erstens ist die Renaissance strategischer Entwicklungsplanungen[421] auf Wettbewerbe, Forschungsprojekte (Stadt 2030) und staatliche Programme (Soziale Stadt, Aufbau Ost, Stadtumbau West) zurückzuführen, zweitens auf Aktivitäten, „die der Zielsetzung nachhaltiger Quartiersentwicklung verpflichtet sind, was sich in den Bemühungen zur sozialen (Re-)Integration, des intensivierten Umweltschutzes, der Ressourcenschonung und der Etablierung zvilgesellschaftlicher Strukturen zeigt."[422]

---

417 Zibell (2007: 323).
418 Zibell (2007: 323).
419 Dangschat (2008a: 36).
420 Zibell weist nach, dass die Stichworte „Strategie" und „strategische Planung" im Handbuch der Raumordnung als dem Grundlagenwerk der ARL 1995 noch fehlen, 2005 aber aufgenommen sind.
421 Meyer zum Alten Borgloh (2005).
422 Dangschat (2008b: 39).

Strategische Entwicklungsplanung im Sinne guter lokaler Governance gilt auch als Alternative oder als Weiterentwicklung des Neuen Steuerungsmodells[423]. Damit soll einerseits die „Politikblindheit des Neuen Steuerungsmodells überwunden werden" [424].

Andererseits geht es um die „Einbindung vieler unterschiedlicher politikfeld-relevanter Akteure in Policy-Netzwerke" , mit denen „Bewohnerorientierte Innenpolitiken" realisiert werden können. So wird Planung bürgerfreundlicher.

Im Fokus stehen mittlerweile vor allem benachteiligte Stadträume, deren Entwicklung von Bund und Ländern besonders gefördert wird. Das ist auch einer der Hauptgründe, warum die strategische kommunale Entwicklungsplanung eine Renaissance erlebt (hat): Sie wird von den Zuschussgebern gefordert und ist eine conditio sine qua non der Förderung. Es geht dabei u.a. um attraktivere Gestaltung von Sozialräumen, Stabilisierung und Revitalisierung problematischer Quartiere , Bildungsangebote, Migrations- und Integrationspolitik, bessere Umweltqualität, Wohnumfeldverbesserungen, Infrastruktur sowie um Wirtschafts- und Arbeitsmarktpolitik. Damit soll der „große

423 Sinning (2006: 42; 43).
424 Sinning (2006: 43).

Umbruch" in Zeiten der Globalisierung von Bürgern, Politik und Verwaltung gemeinsam bewältigt werden.

Diese partizipative strategische Enwicklungsplanung eröffnet neue Chancen, Einwohner zu aktivieren, zu mobilisieren, zu fördern und damit neue Potenziale in der Kommune und für die Kommune außerhalb der klassischen kommunalen Politikarena zu erschließen.

Allerdings erhöht dieser anspruchsvolle Ansatz strategischer Governance-Arrangements in der Kommunalentwicklung auch die Steuerungsanforderungen an die Verwaltung erheblich. Das macht sie anfällig für Fehler und Misserfolge. Deshalb muss klar definiert werden, wer in diesem Prozess welche strategische Rolle übernimmt.

Zunächst ist es wichtig, eine begrenzte Rationalität der Teilnehmer, der Umstände und der Umwelt „als Fehlerquelle rationalistisch orientierter Strategieentwicklung"[425] zu akzeptieren und Emergenz zuzulassen, wie Mintzberg dies gefordert hat. Um diese Fehlerqullen zu minimieren und um Frustrationen zu vermeiden, ist es notwendig, dass Strategieentwicklung als Führungsinstrument verstanden wird.

425 Fengler (2003).

Strategiewandel und Strategieentwicklung müssen gemanagt werden. Managen heißt aber nicht: diktieren. Deshalb darf das Management strategieorientierter Planung nicht dazu führen, dass unkonventionelle Vorschläge von Partizipanten außerhalb von Verwaltung und Politik abgewürgt werden, weil dies zu Frustrationen führt – es sei denn, die Vorschläge sind völlig abwegig. Dies muss aber dann transparent kommuniziert werden.

Zum „Rettungsanker für Planung in postmodernen Zeiten"[426] soll ein deliberativer, diskursiver Pragmatismus[427] bei der Strategieentwicklung werden. Dabei sollen die Strategen in der Debatte Farbe bekennen und offensiv argumentieren, denn „das planerische Selbstverständnis schließt über eine kommunikativ vermittelnde Dimension hinaus immer eine inhaltliche Positionierung ein, die dann im Dialog mit anderen AkteurInnen ausgefochten werden muss." [428] Ob dabei die „Macht des besseren Arguments"[429] oder die „Machtausübung durch Diskurs"[430] entscheidet, bleibt bei Peters offen. Die Machtfrage darf aber auf

426 D. Peters (2008: 311).
427 D. Peters (2008: 309).
428 D. Peters (2008: 309).
429 D. Peters (2008: 315).
430 D. Peters (2008: 315).

keinen Fall so entschieden werden, dass am Ende wieder die „üblichen Verdächtigen" aus Verwaltung, Politik und Planungsbüros die Oberhand gewinnen. Notwendig ist vielmehr ein gleichberechtigter Diskurs aller Beteiligten.

Es erscheint vor dem Hintergrund bisher dokumentierter Stadtentwicklungsprozesse notwendig, dass dieser partizipative, strategieorientierte Entwicklungsprozess von der Verwaltung und von neutralen Moderatoren vorbereitet[431] und auf der Grundlage von Ziel- und Leitbildorientierungen kommunikativ, fair und systematisch geführt werden muss.

„Jede Form der Planunung, auch der sog. „strategieorientierten", kommt ohne den formulierten politischen Willen, der in Zielsystemen, Beschlüssen, Verbindlichkeiten niedergelegt ist, nicht aus."[432]

Wo dies nicht geschieht, sind Misserfolge wahrscheinlich, wie die vielfach unbefriedigenden Ergebnisse der Lokalen-Agenda-21-Prozesse belegen.[433]

Leadership ist in strategischen, partizipativen Entwicklungsplanungen nicht verboten. Es ist sogar ausdrücklich erwünscht, dass die Governance-Arrange-

431 Vgl. Klemme (2002).
432 Zibell (2008: 315).
433 Vgl. Walk (2008).

ments gefördert und professionell vorbereitet werden – ungeachtet aller Kritik, dass schon die Vorbereitung des Planungsprozesses Weichen für die inhaltliche Ausrichtung stellt. Im Meinungsbildungsprozess aber hat der Planer sich zurückzuhalten. Er ist dort lediglich Prozessbegleiter. Das gilt noch stärker für die Verwaltungsspitze. Sie soll den Wunsch nach Kontrolle aufgeben.[434] Für Verwaltungen kommt dies einem Kulturbruch gleich.

„Die Strategie der Planung sollte darin bestehen, unterschiedliche subjektive Sichtweisen, unterschiedliche Erfahrungen und divergierende Interessen durch eine weit gefasste Partizipation einzubeziehen".[435] Frey nennt dies „regulierte Selbststeuerung und Selbstorganisation"[436] – und zwar „jenseits von Eindeutigkeiten"[437]. Dazu gehört auch das „Zulassen temporärer Experimente oder kurzfristiger Pilotprojekte"[438].

Für eine Verwaltung, die sich auf solche strategischen Entwicklungsplanungen einlässt, kann dies ein Abenteuer mit ungewissem Ausgang werden, weil die „Entwicklung städtischer Gesellschaften ... in vie-

434 Angelehnt an das *Belschner (2001).*
435 Frey (2008: 241).
436 Frey (2008: 224).
437 Frey (2008: 239).
438 Frey (2008: 239).

len Bereichen unvorhersehbar und kaum planmäßig festlegbar"[439] ist. Für die einen ist es eine Herausforderung, für andere möglicherweise eine Zumutung. Andererseits ermöglicht dies in großen Städten die „Förderung urbaner Vielfalt und Toleranz in den Quartieren und Nachbarschaften, eine soziale Mischung und Heterogenität von sozialen und kulturellen Lebensentwürfen sowie die Ereugung einer anregenden Urbanität"[440].

Möglich ist dies nur, wenn die Verwaltung bei diesem Changemanagement zur einer „kommunikativen Organisation"[441] wird, die bereit zu echter Interaktion ist. Für viele etablierte Verwaltungsmitarbeiter ist dies ein Paradigmenwechsel, der sie vor große Herausforderungen stellt.

Frey weist aber ausdrücklich darauf hin, dass dies „nicht mit einem Laissez-faire zu verwechseln ist"[442]. Vielmehr setzen solche Strategieentwicklungen aktive Arbeit und „neue Formen der kreativen urban governance"[443] voraus. Das erfordert Mut, Offenheit, Flexibilität und Investionenen in Innovationen voraus.

439 Frey (2008: 242).
440 Frey (2008: 243).
441 Hill (1997: 12).
442 Frey (2008: 243).
443 Frey (2008: 243).

Frey nennt unter anderem „Etablierung städtischer Plattformen, Foren, think-tanks oder Netzwerke von innovativen städtischen AkteurInnen".[444]

Aktive, kreative Governance-Arrangements vorzubereiten, zu ermöglichen und zu etablieren, ist eine neue Führungsaufgabe: Leadership in Governance in postmodernen Zeiten. Dabei wird der Manager vor allem zum Organisator und Kommunikator.

444 Frey (2008: 242).

15 Kommunale Entwicklungsplanung „close to the citizen"

Es ist unverzichtbar, auch in unsicheren Zeiten bereits zu handeln, ohne dass alle für die Planungen möglicherweise notwendigen Daten vorliegen. Stattdessen ist es sinnvoller, auf evolutionäre Veränderungen – einen „evolutionären Sog"[445] eines erfolgreichen Prozesses – zu setzen.

Das gilt auch für Kommunen. Zunächst kommt es darauf an, bei Mitarbeitern und Bürgern Horizonte zu erweitern[446], Interaktionsmöglichkeiten zu schaffen, dabei zeitweise auch kreatives Chaos zuzulassen[447], Informationen zu bündeln und zu koppeln und evolutionäre strategische Partnerschaften zu bilden[448]. Die Nähe zum Bürger ist dabei ebenfalls von entscheidender Bedeutung. Analog zum Prinzip „Close to the Customer"[449] heißt die Devise für Verwaltung und Politik „Close to the Citizen"[450] oder Bürgernä-

445 Vgl. Laszlo/Laszlo/v. Liechtenstein (1992).
446 Vgl. Scholz (2007: 34).
447 Vgl. Scholz (2007: 34).
448 Vgl. Scholz (2007: 34).
449 Peters/Waterman (1982).
450 Z.B. Europäisches Parlament zur Subsidiarität im EGV. „Infolge der Einführung dieses Prinzips in das Europäische Vertragswerk sollen Beschlüsse innerhalb der Gemeinschaft möglichst bürgernah getroffen werden." URL: http://www.europarl.europa.eu/factsheets/1_2_2_

he. Das aber setzt Partizipation voraus. Die Bürger können ebenso zur Produktivität beitragen wie Verwaltung und Politik.

Peters/Waterman haben dies auf die Formel „Productivity Through People"[451] gebracht. Die Organisatoren müssen den teilhabenden Bürgern eine gewisse Autonomie sowie Freiräume für unternehmerisches Denken, für Selbstverwaltungslösungen und Subsdiarität geben.

Andererseits muss gewährleistet sein, dass sich die Vorschläge der Beteiligten bei der Implementierung zumindest teilweise wiederfinden. Nur so sind Erfolgserlebnisse zu vermitteln und Frustrationen zu verhindern.

Schließlich sind Veränderungen nicht punktuell zu betrachten, sondern unter dem Gesichtspunkt langfristiger Zielerreichung. Wenn Prozesspromotoren dann noch einen Kommunikationsstil pflegen, der sich durch Unmittelbarkeit, Kontaktfreudigkeit und eine Vermittlung eigener und gesellschaftlicher Werte

---

de.htm „The purpose of including this principle in the European Treaties is to bring decision-making within the Community as close to the citizen as possible." URL: http://www.europarl.europa.eu/factsheets/1_2_2_en.htm

451 Peters/Waterman (1982).

auszeichnet („Value Driven"), steigt die Wahrscheinlichkeit, dass partizipative Entwicklungsplanung mittelfristige Erfolge zeigt. Diese gesellschaftlichen Werte dürfen nicht nur propagiert, sie müssen auch in der Kommune gelebt werden. Es geht dabei nicht um „Ethik-Tropfen, heiße Wir-Umschläge und tägliche Einredungen auf das Gemeinwohl"[452], sondern um Einstellungen und Werte, die die Menschen in ihrem Leben und in der Zeit des Wandels auf lange Sicht betreffen.

Lenk hat dazu in einem neueren Ansatz die Leitbegriffe „Umweltverträglichkeit", „Menschenzuträglichkeit" und „Zuträglichkeit für künftige Generationen"[453] ins Spiel gebracht, die Güterabwägungen zwischen Ökonomie, Ökologie und Gesellschaftspolitik erlauben. Er versteht darunter normativ die „Zuträglichkeit für die Menschen in ihrer Umwelt in einem ökonomisch vertretbaren und sozial angemessenen Rahmen"[454]. Ein wichtiger Nebenaspekt im Konzept von Peters und Waterman ist die Feststellung, dass nicht die Kostenführerschaft entscheidend ist für den Erfolg, sondern die unmittelbare Ausrichtung an den Kunden in den Bereichen Qualität, Service und Zuver-

452 Beck (1995: 10): Eigenes Leben.
453 Lenk (2009).
454 Lenk (2009: 104).

lässigkeit. Das Preis-/Leistungsverhältnis muss stimmen. Die Kunden müssen erkennen, dass sie einen Mehrwert erhalten.

Das setzt die Beachtung der Wirtschaftlichkeitsgrundsätze nicht außer Kraft. In der Privatwirtschaft kann ein Unternehmen, das nicht wirtschaftlich arbeitet, nicht überleben. Im Bereich der Kommunen kann dieser Aspekt ebenfalls nicht ausgeblendet werden. Allerdings sind auch Fragen der Daseinsvorsorge und der strategischen Standortfaktoren zu berücksichtigen. Letzlich sind die Fragen der ökonomischen Verträglichkeit und der Angemessenheit in einem partizipativen Entwicklungsprozess „close to the citizen" offen zu diskutieren und abzuwägen.

16 Freiräume für Kreativität in der Entwicklungsplanung?

Peters und Waterman ermuntern Unternehmen, ein Klima zu schaffen, das Kreativität fördert und dazu anregt, sich an Innovationen zu wagen – auch auf die Gefahr hin, dass Versuche fehlschlagen. Allerdings ist das Konzept, Mitarbeiter zu Unternehmern zu machen, mittlerweile als Wunschvorstellung entlarvt worden. Sprenger stellt dar, dass kreative, unternehmerisch denkende Mitarbeiter mit eigenen Meinungen oft gar nicht gefragt seien, weil sie sich nicht den gegebenen Strukturen anpassen. „Solche Menschen würden in den meisten heutigen Unternehmen scheitern.

Dort ist geschmeidiges Ein- und Unterordnen gefordert, diplomatisches Geschickt, Beachtung der Policys". [455] Dennoch sind Individualität, Begeisterungsfähigkeit und Unternehmensgeist gefragt. Ob sie im offiziellen Rahmen der öffentlichen Hand oder doch besser außerhalb anzusiedeln sind, ist eine bisher nicht zu beantwortende Frage.

Es geht um entscheidende Erfolgsfaktoren für Entwicklungsprozesse, die sich nicht prognostizieren las-

455 Sprenger (2000: 54).

sen und deshalb im Trial-and-Error-Verfahren ausgetestet werden müssten: „Wie also können ‚Ich' und ‚Wir', wie können ‚Kontinuität' und ‚Wandel', wie können ‚Autonomie' und ‚Zusammenarbeit', ‚Selbstverantwortung' und ‚Hierarchie' neu aufeinander abgestimmmt werden?"[456]

Das bedingt Veränderungen. „Das sieht das Management in der Regel nicht oder will es nicht wahrhaben."[457]

Im Falle kommunaler Veränderungsprozesse muss das Feld erweitert werden auf das duale System Rat/Verwaltung. Es geht nicht nur um Veränderungsresistenz von Verwaltungen, sondern auch (in mindestens gleichem Umfang) um die Politik, ihre Organisation und ihre Vertreter in Fraktionen und Spitzenpositionen. „Wie alle Systeme versuchen auch die Repräsentanten der Organisationen die Umwelt so wahrzunehmen, dass frühere Erkentnisse und Erfolge möglichst bestätigt werden. In ihren fundamentalen Grundannahmen sind Unternehmen Struktur-Nostalgiker. Sie möchten so bleiben, wie sie sind. [...] Das Letzte, was sie wollen, ist Veränderung."[458]

456 Sprenger (2000: 45).
457 Sprenger (2000: 50).
458 Sprenger (2000: 50).

Wer mit dieser Einstellung in Entwicklungsplanungen hineingeht, wird und muss scheitern. Deshalb ist es wichtig, unternehmerisches und „unternehmungslustiges", kreatives Verhalten zu fördern und zu ermöglichen, dass dies auch außerhalb der traditionellen kommunalen Player stattfindet.

17 Kommunales Change-Management auf der Basis fairer Governance-Arrangements

Überträgt man diese Erkenntnisse auf strategische Entwicklungsplanung von Kommunen im demographischen Wandel, bedeutet dies, dass in Zeiten der Krise kommunales Change-Management gefragt ist, dessen Basis faire Governance-Arrangements sind. Dieses Change-Management soll einerseits gesteuert ablaufen, um Ergebnisse zu erzielen und andererseits zahlreiche Akteure aus der kommunalen Arena (Politik, Wirtschaft und Einwohnerschaft) einbeziehen, um verwertbare und akzeptierte Ergebnisse „close to the citizen" zu produzieren.

Transparenz ist dabei wichtig, um „Producitivity through people" zu ermöglichen. Die Promotoren der Entwicklung müssen ihre Anliegen glaubwürdig und authentisch vertreten, das setzt in der Regel Wertegebundene lokale Politik voraus. Bisher ungeklärt ist die Frage, ob eine Objektivierung des Change-Managements durch Indikatoren und Kennzahlen „im Hinblick auf Akzeptanz und Praxistauglichkeit in der Kommune"[459] realisierbar ist und ob dadurch das Be-

459 Damkowski/Rösener (2004: 10); vgl. auch Hill (2002); Bogumil

streben, Good Governance zu praktizieren, erreicht werden kann.

Partizipative Local-Governance-Arrangements sind ein geeigneter Rahmen, um zu informieren, zu kommunizieren, zu verhandeln, zu motivieren, zu mobilisieren und um Commitment zu erreichen. Bürger müssen allerdings einen Mehrwert für sich erkennen, bevor sie bereit sind zu echter Partizipation.

Partizipationsprojekte müssen aber auch klar strukturiert und zeitlich begrenzt sein. Sie sollen zielorientiert aufgebaut und alltagsnah sein. Im Prozess muss Emergenz zugelassen werden. Notwendig sind Offenheit, Fairness, Transparenz und Kommunikation. Bürgernahe Quartiersarbeit verspricht die größten Erfolge.

Durch Empowerment kann soziales Kapital akquiriert und neu geschaffen werden.

(2003: 18, 23).

18 M-I-T-Komm-Strategie und organisationales Commitment

Teilhabe erfordert Akzeptanz und Commitment. Commitment definiert „das Ausmaß, in dem sich eine Person mit einer bestimmten Organisation identifiziert und sich selbst den Zielen dieser Organisation verpflichtet fühlt".[460] Unterschieden werden:

- affektives,
- abwägendes, fortsetzungsbezogenes und
- normatives Commitment.

Affektives Commitment beschreibt die emotionale Bindung[461] eines Individuums und „die Akzeptanz von Werten und Zielen einer Organisation"[462] sowie „die Bereitschaft, sich über das übliche Maß hinaus für die Organisation zu engagieren"[463] und „das Bedürfnis, Mitglied der Organisation zu bleiben"[464]. Für die Höhe des Commitments sind Selbstwertgefühl und „Kompetenzerleben"[465] wichtig. Dabei spielen auch Gerechtigkeit und Fairness, Partizipation und Transparenz eine wichtige Rolle.[466]

466 Vgl. Ammon (2006: 16).

Abwägendes, fortsetzungsbezogenes Commitment ist abhängig von rationalen Kosten-Nutzen-Erwägungen.[467]

Für Kommunen bedeutet dies: Die Bürger wägen ab, ob es sich lohnt, sich mit einer Kommune zu identifizieren und dort zu engagieren und welchen Wert dies hat.

Zu den Kriterien können neben materiellen Aspekten auch Lebensqualität, kulturelle und ästhetische Attraktivität und Gesundheitsaspekte sowie die Einbindung in soziale Netzwerke gehören. Persönliche Vorteile sind ebenfalls relevant.

Normatives Commitment definiert Bedingungen aus einem Gefühl moralischer oder gesellschaftlicher Verpflichtungen heraus. Individuen mit normativem Commitment passen sich in ihrem Verhalten den Zielen und Interessen der Organisation an und identifizieren sich auf idealtypischer, wertegebundener oder ideologischer Grundlage mit ihr. Dieses Individualverhalten lässt sich bei Tendenz-Unternehmen, aber auch bei Vereinen, Organisationen, Institutionen und Parteien nachweisen. Mitglieder bleiben „der Organisation also nicht aufgrund persönlicher Vorteile treu,

467 Vgl. Jödden (2007: 277).

sondern weil sie sich erwartungskonform verhalten wollen."[468]

Sie entscheiden sich in diesem Sinne, weil sie die Ziele der Organisation „für positiv befunden und verinnerlicht haben"[469].

Hohes affektives Commitment erzeugt den höchsten Bindungsgrad. Dies ist empirisch belegt.[470] Nachgewiesen ist auch die Bedeutung des Handlungsspielraums einer Person im Organisationsrahmen.

„Der erlebte Tätigkeitsspielraum hat sich als herausragendes Merkmal erwiesen. Eine Organisation, die dem Mitarbeiter keine Wertschätzung entgegenbringt, indem keine Spielräume gewährt werden, wird auch keine affektiv mir ihr verbundenen Beschäftigten bekommen".[471]

Für eine Kommune, die Commitment erzeugen und eine M-I-T-Komm-Strategie in die Tat umsetzen will, ist es deshalb wichtig, Identifikationsräume und -gelegenheiten zu schaffen, ehrenamtlich partizipierenden Bürgern Wertschätzung entgegenzubringen, ihnen Einfluss zu gewähren und fair, transparent und

468 Ammon (2006: 7).
469 Ammon (2006: 7).
470 Vgl. Ammon (2006).
471 Ammon (2006: 172).

nachhaltig über eine bestimmte Bindungszeit vorzugehen. Im Umkehrschluss bedeutet dies: Klassische Formen repräsentativer Demokratie, bei denen Bürger keine Handlungs- und Tätigkeitsspielräume haben, erschweren affektives Commitment.

19 Von der M-I-T-Komm- zur F-I-T-Komm-Strategie

Mobilisierung, Information und Teilhabe können in einer Kommune viel bewirken. Sie können motivieren, die Transparenz politischer Entscheidungen verbessern und ein gutes Klima für gemeinsame Entscheidungen schaffen. Die M-I-T-Komm-Strategie trägt dazu bei, Bürger für Probleme, die sie selbst betreffen, zu sensibilisieren und ihnen die Gelegenheit zu geben, sich aktiv an der Gestaltung ihrer eigenen Lebenssituation zu beteiligen. Das erzeugt Commitment und stärkt die Bindung zur Kommune. Wo Bürger selbst aktiv werden, steigt die Chance, neue Lösungen zu finden.

Auch bei aktiver Beteiligung ist allerdings ein Problem nicht gelöst: Zwar verbessern sich die Aussichten, sich gegenüber anderen Kommunen zu profilieren und dabei eigene, neue Perspektiven zu eröffnen.

Aber auch bei Bürgern herrscht ähnlich wie bei Politikern die Neigung vor, diese Profilierung zu Lasten Dritter vorzunehmen und unangenehme Entscheidungen zu vermeiden. Das wird aber angesichts der zu erwartenden gravierenden Veränderungen nicht reichen.

Deshalb muss auf der M-I-T-Komm-Strategie zur Mobilisierung partizipativer Aktivitäten eine Strategie aufsetzen, die demographiefeste Veränderungen politischer Schwerpunkte erlaubt.

Das ist der schwierigste Teil der Strategiebildung.

Analog zur Strategie, eine Kommune fit und vital für die Zukunft zu machen, soll eine F-I-T-Komm-Strategie entwickelt werden, die aus den folgenden Elementen besteht:

- Fokussierung
- Indikation und Innovation
- Transfer und Transition
- Kommunikation.

In der Fokussierungsphase werden die Erkenntnisse aus der M-I-T-Komm-Strategie und die partizipativ erstellten Vorschläge der Bürger, der Politik und der Verwaltung zusammengefasst. Die Fokussierungsoption hat eine Konzentration auf Schwerpunkte und Kernkompetenzen zum Ziel.[472] Bach / Homp nennen

472 In der Wirtschaft hat Fokussierung in der Regel den Abbau von (Neben-)Leistungen sowie Outsourcing, Kooperationen und die Bündelung von Leistungen in Serviceeinheiten (auch in Kooperation mit Dritten) zur Folge. Aus der Automobilindustrie sind „Plattform-Strategien" bekannt, die man im demographischen Wandel auch intra- und interkommunal einsetzen könnte.

dies „Präferenzpolitik"[473] und verstehen darunter ein „Schärfen des Unternehmensprofils"[474] durch „Aufbau, Umbau und Abbau von Positionen"[475].

In der Phase der Indikation wird die Fokussierung auf Schwerpunkt in Beziehung zur SWOT-Analyse sowie zu den Zukunftsperspektiven der Kommune gesetzt. Indikationen sind „Heilanzeigen", nach denen bestimmte Krankheitsbilder ausgewählte Therapien erfordern.

Das können diagnosebezogene, symptombezogene, relative, absolute und vitale Indikationen sein.

Zur „Medikation" kann es gehören, Potenziale mehrfach zu nutzen (Plattformstrategie, Shared Services), sich von existenzgefährdenden Verlustbringern zu trennen oder strategische Kooperationen, Verbundlösungen und Öffentlich-Private Partnerschaften einzugehen, um Risiken zu minimieren. Innovationen müssen in einem strategischen Prozess eingeführt werden. Dies soll transparent geschehen und mit den Stakeholdern offen kommuniziert und diskutiert werden.

---

473 Bach / Homp (2009: 131).
474 Bach / Homp (2009: 131).
475 Bach / Homp (2009: 127).

Und schließlich müssen in der Transferphase entsprechend der Indikationsstellung Maßnahmen ergriffen werden, um Veränderungen im Sinne einer Existenzsicherung und Vitalisierung einzuleiten. Die Implementierung von Maßnahmen und Projekten ist auch deshalb notwendig, um Erfolgserlebnisse zu ermöglichen.

Alternativ kann in Anlehnung an Change-Prozesse in der Informationstechnik der Begriff der Transition eingeführt werden, der auch in der Demographie, in der Entwicklungspädagogik und in der IT-Entwicklung verwendet wird, um Übergänge zu charakterisieren. Ziel ist dort eine schnelle Adaptation neuer Anforderungen der Stakeholder und neuer Marktentwicklungen. Dass in allen Phasen dieses Strategieprozesses eine intensive Kommunikation erforderlich ist, versteht sich von selbst.

Diese F-I-T-Komm-Strategie kann zwar eigenständig eingesetzt werden, sinnvoller im Interesse einer Good Local Governance und einer Stakeholder-Orientierung ist aber eine Kombination aus M-I-T-Komm- und F-I-T-Komm-Strategie:

Erst die Motivation und Mobilisierung der Bürger

durch Information, durch Teilhabe und Identifikation, dann die schwierigere Diskussion über Fokussierung, Proflilierung, Indikationsstellung und spürbare Veränderungen bei den folgenden Entscheidungen, um Transformationen und Transitionen zu erleichtern.

20 Strategieentwicklung in der Kommune und emotionale Aspekte

Wenn es zutrifft, dass „Menschen bis zu 80 Prozent aufgrund von emotionalen Primärmotiven (Sympathie, Vertrauen, Sicherheit, Prestige, Machtstreben) und nur zu 20 Prozent aufgrund von rationalen Sekundärmotiven handeln"[476], dann müssen diese Essentials auch in der Strategiebildung einer vitalen Organisation berücksichtigt werden. Dann reicht es eben nicht, um mit de Geus zu sprechen, ein Unternehmen oder eine Institution zu einer „geldproduzierenden Maschine" zu reduzieren oder sie nur monetär zu bewerten.

Moderne Strategieentwicklung setzt in viel stärkerem Maße als in der Vergangenheit auf Geschichte, Kultur und Identität.

„Der Kulturkern des Systems (Werte) und seine äußeren Merkmale sollten möglichst in Einklang gebracht werden, damit sich alle Stakeholder gut orientieren können. Das heißt, das Erscheinungsbild (CD, Logo, Werbung), die Geschichten über die Firma (PR, Image) sowie die Regeln und Rituale (Spielregeln, Leitlinien, Verträge) sollten aus der Identität und Kultur der Unternehmung entspringen und ein konsistenter Ausdruck dessen sein."[477]

476 Casanova (2005: 102).
477 Bergmann (2005: 120).

Ziele dieser Strategie zur Verhaltensänderung sind i.d.R. „Verständigung, Kooperation und Koevolution“[478]. Empathie wird als wichtig angesehen, um auf der Beziehungsebene erfolgreich zu sein. „Die Zusammenarbeit wird letztlich geprägt von interdependenter Vernetzung (synergetische Konvergenz) und nicht von egoistischer Autonomie.“[479]

Dabei ist es notwendig, im Veränderungsprozess offensiv zu kommunizieren, dabei transparent zu informieren und so zu agieren, dass Bürger oder Mitarbeiter auch emotional angesprochen werden.

Was theoretisch exzellent klingt, nämlich die evolutorische Veränderung von Organisationen, die unter Druck geraten sind, erweist sich bisher in den Strategien zum demographischen Wandel allerdings als ausgesprochen schwierig.

Ausgerechnet Verwaltungen zum Vermittler emotionaler Motive und kultureller Erfahrungen zu machen, wo doch gerade in Verwaltungen eine forma-

478 Bergmann / Meurer (2006: 10).

479 Bergmann / Meurer (2006: 10). Dass auch die Förderung inner-institutionellen Wettbewerbs zu Innovationen führen kann, beweisen Wissenschaft, Sport und Kultur. Dabei ist aber entscheidend, dass trotz Konkurrenzkampfs im und als Team gespielt wird, das gemeinsam gewinnen will. Ob dies eine sinnvolle Strategie ist, muss situativ entschieden werden. Entscheidend ist in beiden Fällen – ob interne Kooperation oder interner Wettbewerb – das langfristige Wohl der Institution.

lisierte Sprache gepflegt wird, der alle Emotionen ausgetrieben sind, erscheint paradox. Aber wo steht geschrieben, dass innovative, mutige Verwaltungen nicht auch zu Kultur- und Identifikationsträgern werden können? Das gilt vor allem für ihre Repräsentanten, die urgewählten Bürgermeister, die auf diesem Weg zu Motoren eines strategischen Veränderungsprozesses werden können,

Alternativen zur strategischen Erneuerung der Kommunen im demographischen Wandel sind ohnehin kaum zu erkennen. Deshalb hat es seinen Reiz, wenn sich Rathaus-Chefs (oder auch Politiker aus den Reihen des Organs Stadtrat / Gemeinderat) zu Schrittmachern evolutionärer Veränderungen machen.

Literatur

Ansoff, Harry Igor (1965): Corporate strategy: an analytic approach to business policy for growth and expansion. New York: McGraw-Hill.

Ansoff, Harry Igor (1976): Managing Surprise an Discontinuity – Strategic Response to Weak Signals. In: Zeitschrift für betriebswirtschaftliche Forschung, 28. Jg., H. 28/1976, S. 129-152.

Ansoff, Harry Igor (1981): Die Bewältigung von Überraschungen und Diskontinuitäten durch die Unternehmensführung. Strategische Reaktionen auf Schwache Signale. In: Steinmann, Horst (Hrsg.): Planung und Kontrolle. München. S. 233-264.

Ansoff, Harry Igor / Declerck, Roger P. / Hayes, Robert L. (1976): From Strategic Planning to Strategic Management. London: Wiley.

Antz, Eva-Maria (2006): Bürgergesellschaft und Partizipation. Vortrag beim Workshop „Wie lässt sich das freiwillige Engagement für Nachhaltigkeit stärken?" der Heinrich-Böll-Stiftung Brandenburg v. 23.-25. Oktober 2006 in Potsdam.

Auth, Diana / Holland-Cunz (2007): Alarmismus und Aktionsmus: Diskurs und Politik zum demografischen Wandel in Deutschland. In: NRW (Hrsg.): Demografischer Wandel: Die Stadt, die Frauen und die Zukunft. Düsseldorf. S. 65-78.

Baethge, Martin (2005): Berichterstattung zur sozioökonomischen Entwicklung in Deutschland: Arbeit und Lebensweisen. Erster Bericht. Wiesbaden: VS.

Baltes, Guido / Freyth, Antje (Hrsg.)(2017): Veränderungssintelligenz. Agiler, innovativer, unternehmerischer den Wandel unserer Zeit meistern. Wiesbaden: Springer Gabler.

Barney, Jay B. (1991): Firm Ressources and Sustained Competitive Advantage. In: Journal of Management. 17. Jg. , 1/1991, S. 99-120.

Bauer, Joachim (2008): Das kooperative Gen: Abschied vom Darwinismus. Hamburg: Hoffmann und Campe.

Bausch, Andreas (2013): Unternehmungszusammenschlüsse: Strategien und Strukturen für kooperatives und akquisitorisches Wachstum in Industrieunternehmungen. Wiesbaden: Springer.

BBSR (Hrsg.) (2010): Vielfalt des Demografischen Wandels. Eine Herausforderung für Stadt und Land. Dezembertagung des Arbeitskreises Städte und Regionen der Deutschen Gesellschaft für Demographie (DGD) in Kooperation mit dem Bundesamt für Bauwesen und Raumordnung (BBR) vom 30. November bis 1. Dezember 2009 in Berlin. (= BBSR-Online-Publikation Nr. 06/2010). Berlin.

Bea, Franz Xaver / Haas, Jürgen (2005): Strategisches Management. 4. neu bearb. Aufl. Stuttgart: Lucius & Lucius.

Beck, Ulrich / Ziegler, Ulf E. / Rautert, Timm (1995): Eigenes Leben. München: C.H. Beck.

Beck, Ulrich (2015): Risikogesellschaft. Auf dem Weg in eine andere Moderne. Frankfurt/M.: Suhrkamp.

Benz, Arthur (2004): Steuerung regionaler Entwicklung durch Wettbewerb. In: Müller, Bernhard / Löb, Stephan / Zimmermann, Karsten (Hrsg.): Steuerung und Planung im Wandel. Festschrift für Dietrich Fürst. Wiesbaden: VS Verlag für Sozialwissenschaften. S. 117-137.

Benz, Arthur / Fürst, Dietrich (2003): Erfolgsbedingungen für „Regional Governance“ – Resümee. In: Adamaschek, Bernd / Pröhl, Marga (hrsg.): Regionen erfolgreich steuern. Regional Governance – von der kommunalen zur regionalen Strategie. Gütersloh: Bertelsmann Stiftung. S. 189-212.

Bergmann, Gustav (2005): Gelingende Kommunikation ist „Information". Ein systemischer Ansatz des Kommunikationsmanagements. In: Radermacher, Lars (Hrsg.): Distinktion und Deutungsmacht: Studien zu Theorie und Pragmatik der Public Relations. Wiesbaden. VS. S. 109-134.

Bergmann, Gustav / Meurer, Gerd (2006): Best Patterns im Management. Erfolgsmuster vitaler Unternehmen. http://www.econbiz.de/archiv/si/usi/marketing/patterns_management_unternehmen.pdf (Abruf 29.6.2010).

Bickhoff, Nils (2000): Erfolgswirkungen strategischer Umweltmanagementmaßnahmen. Wiesbaden: Deutscher Universitäts-Verlag.

Bickhoff, Nils (2008): Quintessenz des strategischen Managements. Was Sie wirklich wissen müssen, um im Wettbewerb zu überleben. Berlin / Heidelberg: Springer.

Börsig, Clemens (2008): Globalisierung als Chance für Wachstum und Wohlstand. Eine deutsche Standortbestimmung. In: zfbf (= Schmalenbachs Zeitschrift für betriebswirtschaftliche Forschung), H. 9/2008, S. 618-629.

Bogumil, Jörg / Schmid, Josef (2001): Politik in Organisationen: organisationstheoretische Ansätze und praxisbezogene Anwendungsbeispiele. Wiesbaden: VS.

Bogumil, Jörg et al. (2007): Zehn Jahre Neues Steuerungsmodell. Eine Bilanz kommunaler Verwaltungsmodernisierung. Berlin: edition sigma.

Bolz, Norbert M. / Bosshart, David (1995): Kult-Marketing.: Die neuen Götter des Marktes. Düsseldorf: Econ.

Bruhn, Manfred / Meffert Heribert (2002): Exzellenz im Dienstleistungsmarketing: Fallstudien zur Kundenorientierung. Wiesbaden: Gabler.

Budäus, Dietrich / Hilgers, Dennis (2009): Öffentliches Risikomanagement – zukünftige Herausforderungen an Staat und Verwaltung. In: Scholz, Frank / Schuler, Andreas / Schwintowski, Hans-Peter (Hrsg.): Risikomanagement der öffentlichen Hand. Berlin: Springer. S. 17-77.

Buhmann, Michael (2006): Kompetenzorientiertes Management multinationaler Unernehmen: Ein Ansatz zur Integration von strategischer und internationaler Managementforschung. Wiesbaden: DUV.

Buß, Eugen (2007): Geschichte und Tradition – die Eckpfeiler der Unternehmensreputation. In: Archiv und Wirtschaft, 40. Jg. 2/20207, S 72-85.

Casanova, Marco: Public Relations als strategisches Führungsinstrument. Vom St. Galler Modell des ganzheitlichen Managements zum Modell des ganzheitlichen Kommunikationsmanagements. URL: http://www.branding-institute.ch/pdf/publicrelations.pdf

Chalupsky, Jutta (2000): Veränderungsbereitschaft herstellen: Wandel braucht das Wollen. In: Chalupsky, Jutta et al. (Hrsg.): Der Mensch in der Organisation. Gießen: Dr. Schmidt. S. 39-69.

Chandler, Alfred Dupont (1962): Strategy and Structure: Chapters in the History of the American Industrial Enterprise. Cambridge (Mass.), London: MIT press.

Cornetz, Wolfgang (2010): Chancen und Risiken des demografischen und strukturellen Wandels im Saarland : zur Bedeutung der Schlüsselgröße Humankapital. Saarbrücken: Universaar.

Crozier, Michel / Friedberg, Erhard (1993): Die Zwänge kollektiven Handelns: Über Macht und Organisation. Frankfurt /M.: Hain.

Csigó, Monika (2006): Institutioneller Wandel durch Lernprozesse. Eine neo-institutionalistische Perspektive. Wiesbaden: VS.

Di Fabio, Udo (2005): Die Kultur der Freiheit. München: Beck.

Doepfer, Benedict (2014): Regionale Wertschöpfung und der Einfluss des Promotorennetzwerks – eine Analyse des Innovationssystems der Stadt Ingolstadt. In: Pechlaner, Harald / Reuter, Christopher (Hg.): Pionier-Regionen der Zukunft. Innovation, Qualität, Kooperation. Wiesbaden: Springer. S. 141-159.

Ehringer, Wolfgang (2019): Strategisches Management und Neo-Institutionalismus. Wiesbaden: Springer.

Eilenberger, Wolfram (2009): Der Garten des Candide. Europa 2030: Der erfolgreichste Staatenbund der Geschichte zieht sich zurück. In: Internationale Politik 5/ Mai 2009, S. 10-16.

Feldman, Steven P. (1986): Management in Context: An Essay on the Relevance of Culture to the Understanding of Organizational Change. In: Journal of Management Studies, 23. Jg. 6/1986, S. 587-607.

Fischer, Jens H. (2004): Macht in Organisationen : zu einigen Aspekten des Verhältnisses zwischen Individuum, Strukturen und Kommunikationsprozessen. Berlin/Hamburg/Münster: Lit.

Förster, Anja / Kreuz, Peter (2007): Alles, außer gewöhnlich: Provokative Ideen für Manager, Märkte, Mitarbeiter. Düsseldorf: Econ.

Frey, Oliver / Hamedinger, Alexander / Dangschat, Jens S. (2008): Strategieorientierte Planung im kooperativen Staat – eine Einführung. In: Hamedinger, Alexander et al. (Hrsg.): Strategieorientierte Planung im kooperativen Staat. Wiesbaden: VS-Verlag. S. 14-33.

Ganser, Karl (2005): Die Region die Stadt der Zukunft - Perspektiven für die Regionalisierung“. In: Deutsches Institut für Urbanistik (Hrsg.): Zukunft von Stadt und Region. Bd. 2: Perspektiven der Regionalisierung. Beiträge zum Forschungsverband „Stadt 2030“. S. 19-26.

Ganser, Karl / Schäfer, Robert (1999): IBA Emscher Park: Impulse für den Strukturwandel. Emscher Park Building Exhibition. Am motor of structural change. In: Topos. European Landscape Magazine 26/1999.

Ganser, Karl / Siebel, Walter / Sieverts, Thomas (1993): Die Planungsstrategie der IBA Emscher Park. Eine Annäherung. In: RaumPlanung H. 61, S. 112-118.

Gausemeier, Jürgen / Plass, Christoph / Wenzelmann, Christoph (2009): Zukunftsorientierte Unternehmensgestaltung: Strategien, Geschäftsprozesse und IT-Systeme für die Produktion von Morgen. München: Hanser.

Gerhardt, Volker (2007): Partizipation. Das Prinzip der Politik. München: Beck.

Goch, Stefan (2002): Eine Region im Kampf mit dem Strukturwandel: Bewältung des Strukturwandels und Strukturwandle im Ruhrgebiet. Essen: Klartext.

Göschel, Albrecht (2005): Der Forschungsverbund „Stadt 2030“: Planung der Zukunft - Zukunft der Planung. In: Deutsches Institut für Urbanistik (Hrsg.): Zukunft von Stadt und Region. Bd. I: Perspektiven der Regionalisierung. Beiträge zum Forschungsverbund „Stadt 2030“. Wiesbaden. VS Verlag für Sozialwissenschaft. S. 7-18.

Göschel, Albrecht (2009): „Megatrends, Zukunftsunsicherheit, Nachhaltigkeit: Zur Zukunft der Europäischen Stadt." Vortrag „Soziale und kulturelle Entwicklung der Städte" in der Stadtbibliothek Gütersloh.

Grasnick, Jan (2007): Regionales Regieren in der Europäischen Union: Bayern, Rhône-Alpes und Oberösterreich im Vergleich. Wiesbaden: DUV.

Habermas, Jürgen (1985): Die neue Unübersichtlichkeit. Kleine politische Schriften. Frankfurt a.M. 1985.

Hamedinger, Alexander et al. (2008) (Hg.): Strategieorientierte Planung im kooperativen Staat. Wiesbaden: VS-Verlag. S. 224-249.

Häusling, André (Hrsg.) (2017): Agile Organiationen. Transformationen erfolgreich gestalten - Beispiel agiler Pioniere. Freiburg, München, Stuttgart: Haufe.

Haus, Michael (2005): Zivilgesellschaft und soziales Kapital im städtischen Raum. In: Aus Politik und Zeitgeschichte, 3/2005, S. 25-31.

Haus, Michael (2005b): Einleitung: Lokale Institutionenpolitik in Deutschland zwischen strategischen Entscheidungen und kulturellen Deutungsprozessen – Versuch einer konzeptionellen Annäherung. In: Haus, Michael (Hrsg.): Institutionenwandel lokaler Politik in Deutschland. Zwischen Innovation und Beharrung. Wiesbaden: VS. S. 7-55

Heckhausen, Jutta / Heckhausen, Heinz (2018): Motivation und Handeln. Berlin, Heidelberg: Springer.

Heidenreich, Martin (2006):

Henzler, Herbert a. (2005): Geleitwort. In: Hungenberg, Harald / Meffert, Jürgen: Handbuch Strategisches Management. 2. überarb. u. erw. Aufl. Wiesbaden: Gabler Verlag. S. V.

Hill, Hermann (2002): Indikator Lebensqualität. Internationale Recherche zu kommunalen Steuerung. Gütersloh: Verlag Bertelsmann Stiftung.

Hoffmann, Stefan / Akbar, Payam (2019): Konsumentenverhalten. Berlin, Heidelberg: Springer.

Hurst, David K. (2002): Crisis and Renewal : meeting the challenge of organizational change. Boston: Harvard Business School Press.

Jones, Eric L. (2008). Globalisierung der Kultur ? (Reihe = Die Einheit der Gesellschaftwissenschaften B. 143), Tübingen: Mohr Siebeck.

Kaplan, Robert S. / Norton, David P. (1996a) The Balanced Scorecard: Translating Strategy into Action. Cambridge Mass.

Kaplan, Robert S. / Norton, David P. (1996b): Using the Balanced Scorecard as a Strategic Management System. In: Harvard Business Review, Vol. 74. 75-85.

Keohane, Robert E. / Nye, Joseph S. (1977): Power and Interdependence. World Politics in Transition. Boston.

Kerschbaumer, Judith / Schroeder, Wolfgang (2005): Demographischer Wandel ist gestaltbar: Kein Mythos und kein Drama. In: Kerschbaumer, Judith / Schroeder, Wolfgang (Hrsg.): Sozialstaat und demographischer Wandel. Herausforderungen für Arbeitsmarkt und Sozialversicherung. Wiesbaden: VS Verlag für Sozialwissenschaften. S. 9-20.

KGSt 5/1993 = Kommunale Gemeinschaftsstelle für Verwaltungsmanagement (1993): Das Neue Steuerungsmodell. Begründung, Konturen, Umsetzung. KGSt-Bericht 5/1993. Köln.

Kirsch, Werner (1996): Wegweiser zur Konstruktion einer evolutionären Theorie der strategischen Führung. Herrsching: Kirsch.

Kirsch Werner (1997): Strategisches Management: die geplante Evolution von Unternehmen. München: Kirsch.

Kirsch, Werner / van Aaken, Dominik (2008): Ansatzpunkte zur Weiterentwicklung der Theorie der strategischen Führung. In: Wrona, Thomas (Hrsg.): Strategische Managementforschung: Aktuelle Entwicklungen und inernationale Perspektive. FS für Ingolf Bamberger. Wiesbaden: Gabler. S. 17-39.

Kirsch, Werner / Seidl, David / van Aaken, Dominik (2009): Unternehmensführung: Eine evolutionäre Perspektive. Stuttgart: Schaeffer-Poeschel.

König, Armin (2010): Keine Angst vor Schrumpfung dank Offenheit, pfiffiger Ideen und Bürger-Partizipation: Illingen 2030. Zur Strategie kleiner und mittlerer Gemeinden im Demographischen Wandel. In: BBSR (Hrsg.): Vielfalt des Demografischen Wandels. Eine Herausforderung für Stadt und Land. Dezembertagung des Arbeitskreises Städte und Regionen der Deutschen Gesellschaft für Demographie (DGD) in Kooperation mit dem Bundesamt für Bauwesen und Raumordnung (BBR) vom 30. November bis 1. Dezember 2009 in Berlin. (= BBSR-Online-Publikation Nr. 06/2010). Berlin. S. 120-126.

König, Armin (2011): Bürger und Demographie: Partizipative Entwicklung für Gemeinden im demographischen Wandel. Merzig: Gollenstein.

König, Armin (2018): Demografischer Wandel – lokal gesteuert. 2. Aufl. Hamburg: Tredition.

Köppen, Bernhard (2008): Kommunen und demografischer Wandel in Deutschland – regionale Muster. In: Heinelt, Hubert / Better, Angelika (Hrsg.): Lokale Politikforschung heute. Wiesbaden: VS. S. 271-281.

Korte, Karl Rudolf (2012): Beschleunigte Demokratie: Entscheidungsstress als Regelfall. In APuZ Online, 6.2.2012. http://www.bpb.de/apuz/75838/beschleunigte-demokratie-entscheidungsstress-als-regelfall?p=all

Kotler, Philip / Caslione, John A. (2009): Chaotics: The Business of Managing and Marketing in the Age of Turbulence. New York: American Management Association.

Kranz, Mathias (2007): Management von Strategieprozessen : Von der strategischen Planung zu integrierten Strategieentwicklung. Wiesbaden: DUV.

Kraus, Sascha (2006) : Strategische Planung und Erfolg junger Unternehmer. Wiesbaden : DUV.

Kunz, Jürgen (2012): Change in Time. Evolutions- und Neurobiologie im Business-Coaching. Berlin: ePubli.

Kutschker, Michael / Schmid, Stefan (2008): Internationales Management. München: Oldenbourg.

Kutzner, Christian (2009): Die demographische Entwicklung in Deutschland. In: Hausmann, Andrea / Körner, Jana (Hrsg.): Demografischer Wandel und Kultur. Veränderungen im Kulturangebot und der Kulturnachfrage. Wiesbaden: VS. S. 15-33.

Lachenmann, Gudrun (1997): Intervention, Interaktion und Partizipation. Zu einigen Methodenfragen der empirischen Entwicklungsforschung. in: Schulz, Manfred (Hrsg.): Entwicklung: Theorie – Empirie – Strategie. Festschrift für Volker Lühr. S. 99-114.

Langhoff, Thomas (2009): Den demographischen Wandel im Unternehmen erfolgreich gestalten: Eine Zwischenbilanz aus arbeitswissenschaftlicher Sicht. Berlin: Springer.

Laszlo, Ervin/ Laszlo, Christopher/ v. Liechtenstein, Alfred (1992): Evolutionäres Management. Globale Handlungskonzepte. Fulda: Paidia.

Lattwein, Johannes (2002). Wertorientierte strategische Steuerung. Wiesbaden. DUV.

Lindblom, Charles (1959): The Science of Muddling through. In: Public Administration Review. 19. Jg., 2/1959, S. 79-88.

Lütz, Susanne (2004): Governance in der politischen Ökonomie. In: Benz, Arthur (Hrsg.): Governance – Regieren in komplexen Regelsystemen. Wiesbaden: VS Verlag für Sozialwissenschaften. S. 147-172.

Luhmann, Niklas (1994): Soziale Systeme. Grundriß einer allgemeinen Theorie. Frankfurt/M.: Suhrkamp.

Luhmann, Niklas (2000): Die Politik der Gesellschaft. Frankfurt a. Main.

Macharzina, Klaus / Wolf, Joachim (2008):

Makridakis, Spyros G. (1990): Forecasting, planning, and strategy fort he 21st century. New York: Free Press.

Manderscheid, Katharina (2004): Milieu, Urbanität und Raum: Soziale Prägung und Wirkung städtebaulicher Leitbilder und gebauter Räume. Wiesbaden: VS.

Maretzke, Steffen (2008): Städte im demografischen Wandel : wesentliche Strukturen und Trends des demografischen Wandels in den Städten Deutschlands ; Dezembertagung des Arbeitskreises Städte und Regionen der Deutschen Gesellschaft für Demographie (DGD) in Kooperation mit dem Bundesamt für Bauwesen und Raumordnung (BBR) vom 6. - 7. Dezember 2007 in Berlin: Wiesbaden: Bundesinst. für Bevölkerungsforschung.

Maslow, Abrahahm H. (1943): A Theory of Human Motivation. In: Psychological Review 50, S. 370-396. URL: http://psychclassics.yorku.ca/Maslow/motivation.htm (Abruf: 24-8-2009).

Maslow, Abraham H. / Kruntorad, Paul (2005): Motivation und Persönlichkeit. Reinbek: Rowohlt.

Matzig, Gerhard (2007): Event, Event, ein Lichtlein brennt. In: Süddeutsche Zeitung vom 2.11.2007.

Messner, Dirk (2005): Global Governance: Globalisierung im 21. Jahrhundert gestalten. In: Behrens, Maria (Hrsg.): Globalisierung als politische Herausforderung: Global Governance zwischen Utopie und Realität. Wiebaden: VS. S. 27-54.

Mintzberg, Henry (1995): Die Strategische Planung. München: Hanser.

Mintzberg, Henry / Ahlstrand, Bruce / Lampel, Joseph (1999): Strategy Safary. Eine Reise durch die Wildnis des strategischen Managements. Wien/Frankfurt: Ueberreuter.

Mintzberg, Henry et al.(2007): Strategy Safari. Frankfurt a.M.: Redline.

Müller, Axel (2004): Zur Strukturgenese von und Kommunikation in Innovationsnetzwerken. Dissertation Matin-Luther-Univesität Halle-Wittenberg. Phil Fak. Halle 2004.

NIC Global Trends 2025 = National Intelligence Council (Hrsg.) (2008): Global Trends 2025: A transformed World. Washington DC.

NIC Global Trends 2030 = National Intelligence Council (Hrsg.) (2012): Global Trends 2030: Alternative Worlds. Washington DC.

Nolte, Rüdiger (2008): Steuerung von Veränderungsprozessen in der öffentlichen Verwaltung. In: Litzcke, Sven Max / Nolte, Rüdiger (Hrsg.): Change Management. Theorie und Praxis. (= Schriftenreihe der Fachhochschule des Bundes für öffentliche Verwaltung, Bd. 51). Brühl.

Pajak, Danny (2006): Konfliktfeld Offshoring: Interne Standortkonkurrenz multinationaler Unternehmen und die Auswirkungen auf Mitarbeiter. Diplomarbeit an der Europa-Universität Viadrina Frankfurt (Oder). München: Grin.

Peters, Thomas J. / Waterman, Robert H. (2003): Auf der Suche nach Spitzenleistungen: Was man von den bestgeführten US-Unternehmen lernen kann. 9. Aufl., Frankfurt/M.: Redline.

Plischke, Markus (2017): Die Organisation verändern – Muster aufbrechen. In: Baltes, Guido / Freyth, Antje (Hrsg.): Veränderungssintelligenz. Agiler, innovativer, unternehmerischer den Wandel unserer Zeit meistern. Wiesbaden: Springer Gabler. S. 193-218

Porter, Michael, E. (1988): Wettbewerbsstrategie. Methoden zur Analyse von Branchen und Konkurrenten. 5. Aufl. Frankfurt / M.: Campus-Verlag.

Porter, Michael E. (1996): Wettbewerbsvorteile. Frankfurt a. M. / New York.

Porter, Michael E. (1999): Wettbewerb und Strategie. München.

Priddat, Birger (2008b): Demokratie und demographischer Wandel. In: Brodocz, André / Llanque, Marcus / Schaal, Gary (Hrsg.): Bedrohungen der Demokratie. Wiesbaden: VS. S. 203-215.

Probst, Gilbert (1987): Selbst-Organisation: Ordnungsprozesse in sozialen Systemen aus ganzheitlicher Sicht. Stuttgart: Parey.

Pröhl, Marga (1998): Kommunale Wirtschaftsförderung. Internationale Recherchen und Fallbeispiele. Gütersloh.

Pröhl, Marga (2001): Virtuelle Medien als Chance für die Stadt der Zukunft – Strategische Herausforderung für kommunale Führungskräfte. In: Picolt, Arnold / Quadt, Hans-Peter (Hrsg.): Verwaltung ans Netz! Neue Medien halten Einzug in die öffentlichen Verwaltungen. Berlin: Springer. S. 21-30.

Quinn, James Brian (1980): Strategies for Change: Logical Incrementalism. Homewood/Ill.:Irwin.

Radermacher, Franz-Josef / Beyers, Bert (2008): Welt mit Zukunft. Überleben im 21. Jahrhundert. Bericht an die Global Marshall Plan Initiative. 4. Aufl., Hamburg: Murmann.

Rall, Wilhelm / König, Birgit (2005): Aktuelle Herausforderungen an das strategische Management. In: Hungenberg, Harald / Meffert, Jürgen: Handbuch Strategisches Management. 2. überarb. u. erw. Aufl. Wiesbaden: Gabler Verlag. S. 9-34.

Rauterberg, Hanno (1999): Die Reformer (8): Wie Andreas Feldtkeller eine neue Stadt plante, die so lebendig ist wie eine alte. In: Die ZEIT 2. Juni 1999. URL: http://www.zeit.de/1999/23/199923.r-feldtkeller_.xml

Rauterberg, Hanno (2000): Bauen - auf die Bürger. In: Die Zeit vom 8.6.2000. URL: http://www.zeit.de/2000/24/200024.zunkunftstadt_.xml.

Reichard, Christoph (1994): Umdenken im Rathaus. Neue Steuerungsmodelle in der deutschen Kommunalverwaltung. Berlin: Sigma.

Reichard, Christoph (2001): Strategisches Management in der Kernverwaltung. In: Eichhorn, Peter / Wiechers, Matthias (Hrsg.): Strategisches Management für Kommunalverwaltungen. Baden-Baden: Nomos. S. 80 – 91.

Roll, Martin / Weber, Jürgen (2006): Gestaltung strategischer Frühaufklärung im Lichte neuer empirischer Erkenntnisse. In: Hutzschenreuter, Thomas (Hrsg.): Krisenmanagement: Grundlagen, Strategien, Instrumente. Wiesbaden: Gabler. S. 195-220.

Roth, Martin / Richter, Ulrike (2006): Was haben Kultur und Demografie miteinander zu tun? Anmerkungen zu einem bislang wenig reflektierten Verhältnis. In: Stiftung Niedersachsen (Hrsg.): Älter, bunter, weniger: Die demografische Herausforderung an die Kultur. Bielefeld: transcript. S. 13-30.

Sackmann, Reinhold / Jonda, Bernadette / Reinhold, Maria (2008) (Hrsg.): Demographie als Herausforderung für den öffentlichen Sektor. Wiesbaden: VS Verlag für Sozialwissenschaften.

Schachtschneider, Karl Albrecht (1999): Demokratiedefizite in der Europäischen Union. In: Nölling, Wilhelm et al. (Hrsg.): Währungsunion und Weltwirtschaft. FS für Wilhelm Hankel. Stuttgart: Lucius&Lucius. S. 119-148.

Schimank, Uwe (2005): Die Entscheidungsgesellschaft: Komplexität und Rationalität der Moderne. Wiesbaden: VS.

Schmidtchen, Dieter (2005): Wettbewerb und Kooperation (Co-opetition). In:ƒ Zentes, Joachim / Swoboda, Bernhard / Morschett, Dirk (Hrsg.): Kooperationen, Allianzen und Netzwerke. Grundlagen, Ansätze, Perspektiven. Wiesbaden: Gabler. S. 67-93.

Scholz, Christian (1987): Strategisches Management. Ein integrativer Ansatz. Berlin, New York: de Gruyter.

Scholz, Christian (2007): Strategische Organisation. Multiperspektivität und Virtualität. 2. Aufl. Saarbrücken: Eigenverlag.

Schulte-Derne, Michael (2004): Transformation follows strategy. Berlin: Springer.

Schwaber, Ken / Sutherland, Jeff (2017): The Scrum Guide. https://minevo.de/img/pdfs/scrum/2017-Scrum-Guide-German.pdf

Schwarting, Gunnar (2005a). Kommunalpolitik im Zeichen der Globalisierung – oder: das Ende des Merkantilismus? : Anmerkungen zu einer Strategiedebatte für kommunales Handeln im 21. Jahrhundert. Christian Rosskopf um 75. Geburtstag. URL: http://www.hfv-speyer.de/lba/schwarting/pdf/KommunalpolitikimZeichenderGlobalisierung.pdf (Abruf 27.8.2009). [Original in: Schriftenreihe der Johann Joachim Becher-Gesellschaft zu Speyer e.V., 14. Jg. Heft 20, S. 6-29]. Banner, Gerhard (1998): Von der Ordnungskommune zur Dienstleistungs- und Bürgerkommune. In: Der Bürger im Staat 4/1998, S. 179-186.

Selle, Klaus (2005): Planen. Steuern. Entwickeln. Über den Beitrag öffentlicher Akteure zur Entwicklung von Stadt und Land. Dortmund: Dortmunder Vertrieb für Bau- und Planungsliteratur (= edition stadt entwicklung).

Selznick, Philip (1957): Leadership in Administration: A Sociological Interpretation. New York: Harper & Row.

Simon, Hermann (2013): Die Wirtschaftstrends der Zukunft. In: Kersten, Wolfgang / Wittmann, Jochen (Hg.): Kompetenz, Interdisziplinarität und Komplexität in der Betriebswirtschaftslehre. Wiesbaden: Springer Fachmedien. S. 297-302.

Sloterdijk, Peter (2006): im Weltinnenraum des Kapitals : für eine philosophische Theorie der Globalisierung. Frankfurt a.M.: Suhrkamp.

Stahl, Heinz K. / Hinterhuber, Hans H. / Bank, Mathias (2003): Erfolgreich im Schatten der Großen: Wettbewerbsvorteile für kleine und mittlere Unternehmen. Berlin: Schmidt Verlag.

Steinle, Claus (2005): Ganzheitliches Management: Eine mehrdimensionale Sichtweise integrierter Unternehmensführung. Wiesbaden: Gabler.

Stieglitz, Nils (2004): Strategie und Wettbewerb in konvergierenden Märkten. Wiesbaden: DUV.

Stopper, Jochen (2008): Kooperation zwischen Gemeinden als Handlungsstrategie. In: Sackmann, Reinhold / Jonda, Bernadette / Reinhold, Maria (Hrsg.): Demographie als Herausforderung für den öffentlichen Sektor. Wiesbaden: VS. S. 207-226.

Stranks, Jeremy (2013): Stress at Work. London: Routledge.

Taleb, Nassim (2005): Fooled by randomness. The hidden role of chance in life and in the markets. New York: Random House.

Taleb, Nassim (2008): Der Schwarze Schwan : die Macht höchst unwahrscheinlicher Ereignisse. München: Hanser.

Taylor, Charles (2006): Kapitalismus ist unser faustischer Pakt. In: Jessen, Jens (Hrsg.): Fegefeuer des Marktes. Die Zukunft des Kapitalismus. Lizenzausgabe für die Bundeszentrale für politische Bildung. Bonn. S. 9 – 16.

Thom, Norbert / Ritz, Adrian (2007): Public Management: Innovative Konzepte zur Führung im öffentlichen Sektor. Berlin: Springer.

Unterberg, Thomas (1998): Die Medienwirkungsforschung als Spiegel gesellschaftlicher Veränderungsprozesse. In: Reichertz, Jo (Hrsg.): Tele-Kuluren: Fernsehen und Gesellschaft. Berlin: Triad. S. 17-28.

Virilio, Paul (2008): Rasender Stillstand. Essays.Frankfurt/M.: Fischer.

Weber, Gerlind (2006): Sicherung der Grundversorgung mit Gütern und kommerziellen Diensten vor dem Hintergrund des demographischen Wandels in Österreich. In: Gans, Paul; Schmitz-Veltin, Ansgar (Hrsg.): Demographische Trends in Deutschland. Folgen für Städte und Regionen. Braunschweig und Hannover. S. 242-262.

Weber, Max (1972): Wirtschaft und Gesellschaft. 5. Aufl., Tübingen: Mohr Siebeck.

Weichselgartner, Jürgen (2013): Risiko : Wissen ; Wandel ; Strukturen und Diskurse problemorientierter Umweltforschung. Oekom.

Weidner, Silke (2007): Die schrumpfende Stadt. In: Baum, Detlev (Hrsg.): Die Stadt in der Sozialen Arbeit. Ein Handbuch für soziale und planende Berufe. Weisbaden: VS. S. 345-357.

Welge, Martin K. / Al-Laham, Andreas (2008): Strategisches Management : Grundlagen – Prozess – Implementierung. 5. vollst. überarb. Auflage. Wiesbaden: Gabler.

Wienhöfer, Elmar / Kastenholz, Hans / Geyer, Thomas (Red.) (2002): Bürgerbeteiligung im Internet? Möglichkeiten und Grenzen elektronischer Demokratie. Bürgergutachten. Berlin Bundesministerium für Bildung und Forschung.

Zips, Benjamin (2016): Strategisches Handeln im Realdiskurs. Würzburg: Königshausen und Neumann.

Dr. Armin König ist seit 1996 urgewählter Bürgermeister der saarländischen Gemeinde Illingen. Gleichzeitig leitet er das Kulturressort. Der promovierte Verwaltungswissenschaftler ist Autor zahlreicher Fachbücher (Bürgergemeinde; Bürger und Demografie; Umweltinformationsfreiheit). Er ist Dozent, Blogger und hält Vorträge zu Demografie, Change Management und Kultur. Der engagierte Kultur- und Umweltpolitiker ist außerdem Vorsitzender des saarländischen Umweltverbands ProH2O.

Die Zukunft gehört denen, die mit neuen Ideen strategisch Zukunft gestalten - das gilt auch für Kommunen im demografischen Wandel. In turbulenten Zeiten ist strategisches Handeln unverzichtbar. Moderne Strategieentwicklung setzt in viel stärkerem Maße als in der Vergangenheit auf Innovation, Kommunikation, Partizipation, Geschichte, Kultur und Identität. Die wichtigsten Schritte: Erst die Motivation und Mobilisierung der Bürger durch Information, durch Teilhabe und Identifikation, dann die schwierigere Diskussion über Fokussierung, Profilierung, Indikationsstellung und spürbare Veränderungen bei den folgenden Entscheidungen, um Transformationen und Transitionen zu erleichtern.